いま
中小企業ができる
生産性向上

連携組織・IT・シェアリングエコノミーの活用

赤松健治
筒井　徹
藤野　洋
江口政宏

一般財団法人 商工総合研究所
SHOKO RESEARCH INSTITUTE

はじめに

少子高齢化・人口減少の進行は、各方面に多大な影響を及ぼしています。人手不足の深刻化もその一端とみられ、中小企業でも人手不足感が強まっています。生産性向上は、こうした事態に対処するために必要であるとともに、大企業と比較して生産性が低い中小企業にとっては、高付加価値経営の実現のためにも、早急に取り組むべき課題です。

ただ、一口に生産性向上といっても具体的にどのように実現して行くかは極めて難しい問題です。本書は、こうした問題に直面している中小企業の皆様に解決のヒントを提示できないかという思いからまとめたものです。

本書の構成は次の通りです。初めに、生産性向上がなぜ必要なのか等について少子高齢化・人口減少との関連から述べました（序章）。次に、生産性向上を実現するための具体的な取り組みとして、連携・組織活動による人材教育（第1章）、ＩＴ活用（第2章）、シェアリングエコノミー（第3章）を取り上げました。最後に、中小企業が生産性向上に取り組むにあたり特に参考になると思われる事項をまとめました（終章）。また、参考として深刻化する中小企業の人手不足の実態について明らかにしています（補章）。

第1～3章では実務的に有用な取り組みを数多く収録しました。経営資源に限りのある中小企業が生産性向上に取り組むにあたっては、視野を広げて幅広い観点から可能性を探ることが重要です。本書を通じて生産性向上のヒントを掴んでいただければ幸いです。

本書の執筆にあたっては、インタビューを受けていただいた皆様をはじめ、多くの方々にご協力をいただきました。心よりお礼申し上げます。

2019年1月

一般財団法人　商工総合研究所
理事長　江崎　格

目次

目次

目次

目次

序章

少子高齢化・人口減少と生産性

生産性は投入量に対する産出量の比率であり、主なものに「労働生産性」「資本生産性」「全要素生産性」がある。労働生産性は「労働力」を投入量として産出量との比率を算出したものであり、資本生産性は機械・設備などの「資本」を投入量として産出量との比率を示したものである。全要素生産性は、労働や資本を含む全ての要素を投入量として産出量との比率を示したもので、技術進歩や業務効率化などによる生産性向上がこれにあたる。経済成長は労働や資本の増加だけでなく、こうした生産性の向上により実現する。

本章では、労働生産性と全要素生産性について取り上げる。初めに、少子高齢化・人口減少が進むなか労働生産性の向上がなぜ必要なのかを明らかにした後、経済規模を維持するためにはどの程度の労働生産性の向上や労働力率の上昇が必要なのかを試算する。次に、大企業との差が大きい中小企業の労働生産性の動向を述べ、最後に、計測が難しいとされる全要素生産性の動向について企業規模別の試算を交えながら明らかにする。

❶ 労働生産性

(1) GDPと労働生産性

わが国を取り巻く環境変化として必ずあげられるのは、少子高齢化・人口減少、経済のグローバル化、そしてIT化である。経済のグローバル化やIT化の波はわが国にもいやおうなしに押し寄せてきており、わが国の中小企業もこうした世界的な潮流に適切に対処していかなければならない状況に置かれている。また少子高齢化・人口減少についても、ゆっくりとではあるが着実に進みつつあり、これに対しては中長期的な観点からわが国が経済成長を持続させていくために労働生産性の向上が不可欠であるという議論がなされてきているところである。

人口が減少すると、どうして労働生産性の向上が不可欠となるのか。GDPを増やす（経済成長を実現し国民が豊かになる）ためには、①労働生産性の向上を図る、②労働に参加していない人々を労働市場に呼び込み労働力率（労働力人口／15歳以上人口）を引き上げる、③人口を増やす、の3つのいずれかが必要である。わが国も過去の高度成長期には、これらの項目はすべてGDPを押し上げる要因となった。人口が増加し、その中でも若年者が増加したことで労働力率も上昇し、また、技術進歩等により労働生産性も上昇した。すべてがプラスに作用したといえる。しかし近年では様変わりの状況である。少子化で人口が減少しはじめており、一方高齢化で退職、引退する人が増え、現役の労働者が支える人口が増加してきている。となれば、何もしなければ

③も、そして②もGDPを減らす方向に作用し、GDPが減っていくということになる。従って、わが国は先行き、より少ない労働力で、より多くの付加価値を生産していかなければ、現在のGDPは維持できなくなる。将来に向けて①の労働生産性の向上が不可欠である。

(2) 生産年齢人口の減少

人口減少と労働生産性について、少し詳しくみていこう。まず人口減少の動きであるが、総務省「国勢調査」によりわが国の総人口を過去と比較すると、1980年調査時点では総人口は1億1、706万人であったが、2010年調査では1億2、806万人となった。そして最新の2015年調査ではわが国の総人口は1億2、709万人となり、前回調査（2010年）から約96万人の減少となった（▲0・8％）。毎月（年）の出生者・死亡者数等から人口の推移を推計している総務省の「人口推計」では過去に前年比マイナスとなる年はあったが、国勢調査ベースで人口がマイナスになったのは2015年調査がはじめてである。また総務省「人口推計」によれば、2018年1月1日現在の総人口は1億2、693万人、前年比▲23万人となっており、国勢調査後も減少傾向にある。わが国は、少子高齢化が進み、既に人口減少の時代に入ってきた。

次に将来のわが国の人口についてみてみよう。国立社会保障・人口問題研究所の「日本の将来人口推計」（2017年4月）によれば、総人口は2015年の1億2、709万人（国勢調査）から長期の人口減少過程に入り、2040年には1億1、092万人となり、2053年には1

億人を割り込み（9、924万人）、50年後の2065年には8、808万人になると推計されている（出生中位・死亡中位の推計）。生産年齢人口（15－64歳）も同様に減少していき、2015年の7、728万人から2029年に7、000万人を割り、2056年には5、000万人を割りこむ。50年後の2065年は4、529万人となる。

(3) 労働生産性の試算

中位推計のケースで人口が減少していくという前提で、前記①の労働生産性の向上について考えてみる。まず現在のGDPの規模を維持しようとすれば、国民一人当たりでは年0・5%のペースで付加価値の生産を増やしていく必要がある。また、わが国は、人口減少に加え生産年齢人口の相対的な減少にも対処していかなければならない。生産年齢人口が相対的に減少すれば、労働者が支えるべき国民が（相対的に）増えることになる。したがって、現在生産にたずさわる労働者の労働生産性を年0・5%の人口減少のペースにあわせて増加させてもまだ足りない。生産年齢人口の減少も加味すれば、生産年齢人口一人当たりでは年0・9%のペースで付加価値の生産を増やす、つまりは生産にたずさわる労働者の労働生産性を高めていく必要がある。さらに、以上は現在のGDP水準を維持する、すなわち経済がゼロ成長の場合であり、プラスの経済成長を目指すのであれば、より高い労働生産性の上昇が必要である。

では②の労働力率の引き上げはどうだろうか。総人口が減る中で、就業者の減少を食い止めるためには、現在働いていない女性や高齢者(非労働力人口)を労働市場に呼び込むことが必要であるが、どの程度の規模で呼び込むことが可能なのか。ここで、高齢者については60代後半の労働力率が60代前半の水準まで上昇した場合、あるいは60代が50代後半の水準まで上昇した場合など、女性については男性の水準まで上昇した場合を、それぞれを試算してみよう。まず、60代後半(65－69歳)の労働力率が60代前半(60－64歳)のそれと同水準まで上昇すると、労働力は222万人(うち男性123万人、女性99万人)増加する(**図表序-1**)。同様に、60代全体が50代後半(55－59歳)の労働力率まで上昇すると、労働力は509万人(うち男性236万人、女性273万人)増加する。一方、女性が男性の労働力率と同水準まで上昇すると、生産年齢人口(15－64歳)の女性労働力は648万人増加する。以上の試算結果からは、総人口の自然減を100%カバーしていくのは容易ではないものの、労働予備軍はある程度の規模で存在していると考えられる。なお、前記③の人口の増加については、総人口は合計特殊出生率が2・07を上回らない限り減少(自然減)が続くとされている。日本では1・43(2017年)であり、人口を増やすのは非常に困難である。

(4) 中小企業の労働生産性

①企業規模別の労働生産性

それでは実際に、中小企業の労働生産性はどのような状況にあるのだろうか。労働生産性は企

（図表序－１）性別・年齢別労働力人口と労働力率に基づく試算

（万人、%）

2016年度平均		15歳以上総数	15～64歳	50～54歳	55～59歳	60～64歳	65～69歳	70歳～
男女計	15歳以上人口	11,111	7,649	793	754	813	1,024	2,438
	労働力人口	6,681	5,886	683	619	540	454	341
	労働力率	60.1	77.0	86.1	82.1	66.4	44.3	14.0
男	15歳以上人口	5,366	3,865	398	376	401	495	1,006
	労働力人口	3,783	3,302	378	350	323	275	206
	労働力率	70.5	85.4	95.0	93.1	80.5	55.6	20.5
女	15歳以上人口	5,745	3,784	395	379	413	529	1,432
	労働力人口	2,899	2,584	305	269	217	179	136
	労働力率	50.5	68.3	77.2	71.0	52.5	33.8	9.5

試算		労働力率						
		①「65～69歳」が「60～64歳」と同じ		②60代が「55～59歳」と同じ			③女性が男性と同じ	
		65～69歳	増減	60～64歳	65～69歳	増減	15～64歳	増減
男女計	15歳以上人口	1,024		813	1,024		7,649	
	労働力人口	676	222	667	836	509	6,534	648
	労働力率	66.0		82.0	81.7		85.4	
男	15歳以上人口	495		401	495		3,865	
	労働力人口	398	123	373	461	236	3,302	
	労働力率	80.5		93.1	93.1		85.4	
女	15歳以上人口	529		413	529		3,784	
	労働力人口	278	99	293	376	273	3,232	648
	労働力率	52.5		71.0	71.0		85.4	

（資料）総務省「労働力調査」
（注）男女別に試算

業の収益力の基盤となり、経済成長の源泉でもある。以下では、規模別のデータが揃っている「法人企業統計」をもとに、中小企業の労働生産性の動向をみていくこととする。

　企業の労働生産性は「付加価値／労働力」で求められ、労働者一人当たりの付加価値である。「法人企業統計」で定義している付加価値は、減価償却費を含まないベース（純付加価値）であるが、以下では企業の減価償却費を含めた粗付加価値ベースでの労働生産性の推移をみることとする。粗付加価値ベースはＧＤＰに近い概念である。

　まず全体の労働生産性は１９８０年代の５〜６百万円台から、１９９０年代には７百万円台となった（**図表序－２**）。その後はほぼ横ばいとなり、わが国の労働生産性は、１９９０年代に上昇傾向がストップした。また、２０００年代に入っても労働生産性の低迷状態から脱せず、リーマン・シ

（図表序－２）労働生産性の推移

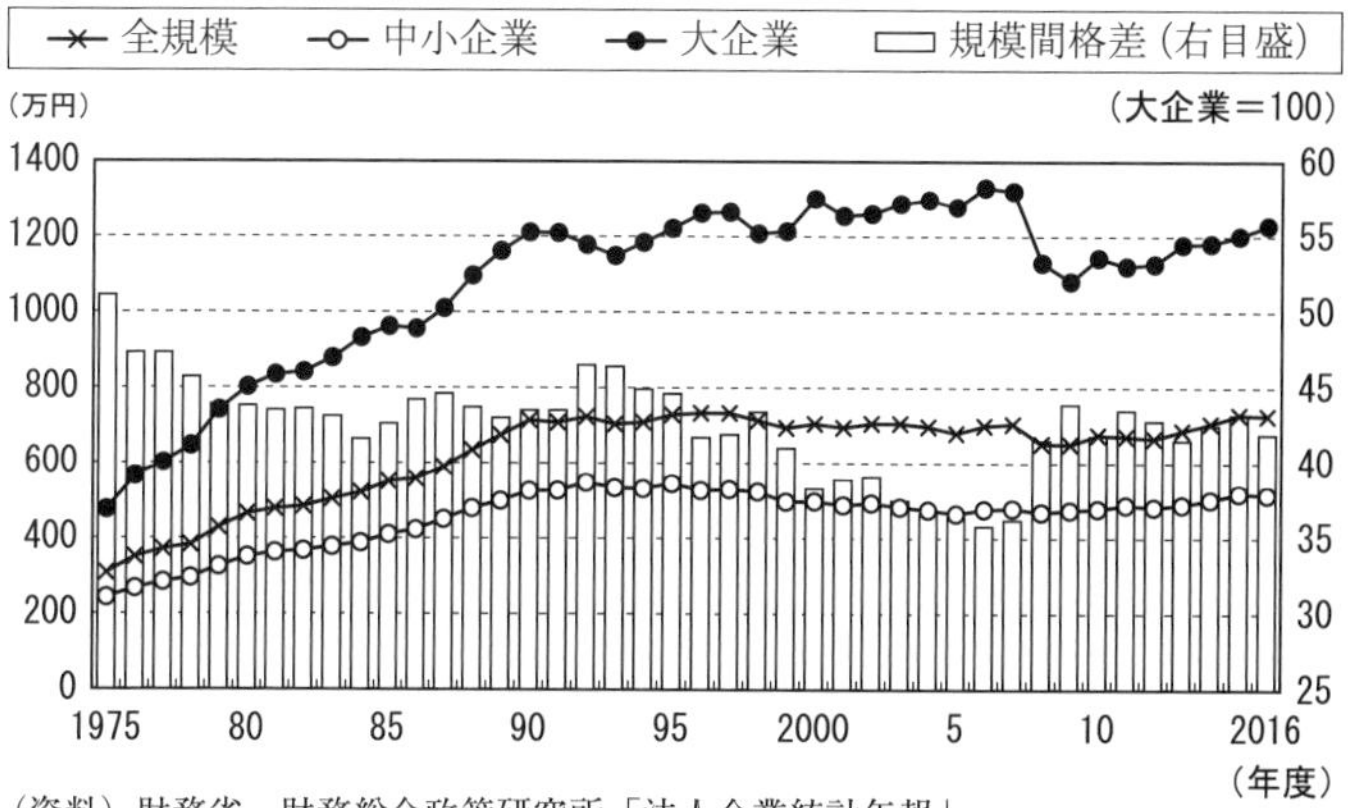

（資料）財務省　財務総合政策研究所「法人企業統計年報」
（注１）中小企業は資本金１億円未満、大企業は資本金１億円以上
（注２）規模間格差は右目盛（大企業＝100）、その他は左目盛

ョック時に大きく低下し、2008年度には652万円になった。その後はやや回復しており、2016年度は726万円である。

これを規模別に見ると、大企業と中小企業との規模間格差は大きい。大企業の労働生産性は、1980年代から90年代、2000年代とほぼ一貫して上昇傾向を維持した。その水準は、1980年度の802万円から、1987年度には10百万円台に乗り（1、010万円）、1990年度には1、211万円となった。また、2000年度には13百万円台まで達した。しかし、2006年度の1、331万円をピークに、リーマン・ショック時には大きく落ち込んだ。その後は回復し、2016年度では1、229万円となっている。

これに対し中小企業の労働生産性は、1980年度351万円であったが、1990年代に入るまで上昇した後、1992年度の548万円をピークに低下に転じた。この低下傾向は2000年代に入っても続き、2005年度には465万円となった。ただリーマン・ショックによる悪影響はあまり受けず、2009年度でも474万円と2005年度を上回っている。また、2016年度は516万円まで回復している。この間の労働生産性の推移を大企業と比較してみると、1990年代後半から2000年代には格差は拡大する傾向が見られた。一方で、リーマン・ショック時は中小企業の落ち込みがあまりなかったことから、大企業との格差は縮小した。その後は大企業、中小企業ともに緩やかながら労働生産性が回復してきたが、格差はやや拡大気味である。

ここで、規模間格差について、大企業を１００とした場合の中小企業の労働生産性の水準をみてみよう。なお、大企業を１００とした場合の中小企業の労働生産性は、減価償却費を含む粗付加価値ベースの方が、含まない純付加価値ベースよりも規模間格差が大きくなる。これは、大企業のほうが多くの資本を使用している分、資本減耗（減価償却）も大きくなるためである。

粗付加価値ベースで労働生産性格差の水準をみると、１９８０年代は40台前半で推移し、１９８５年度は42・6であった（**前掲図表序ー２**）。１９９０年代前半には格差が一時縮小したが（１９９２年度46・5）、90年代後半になると拡大に転じた。また２０００年代に入りわが国が長期の景気回復期を迎えても、格差の拡大傾向は続いた。２０００年度には38・3と40を割り込み、２００６年度には35・8となった。この間の景気回復は主に輸出主導によりもたらされたものであり、それが大企業にとっては恩恵となったが、内需依存度の高い中小企業には恩恵が少なかったものと思われる。中小企業にとっては、景気回復期にもかかわらず厳しい状況が続き、労働生産性の格差が拡大したものであろう。なおリーマン・ショックとその後の世界同時不況時には、前の景気回復期とは逆に、輸出の急減により大企業により大きな悪影響が生じたため、２００８、２００９年度と労働生産性格差は一気に縮小し、２００９年度43・9となった。２０１６年度は41・9となっており、大企業の労働生産性の回復により規模間格差はやや拡大している。

②業種別の労働生産性

次に、業種別の労働生産性をみると、製造業が労働生産性全体の上昇を牽引してきた。製造業の労働生産性は、趨勢として上昇傾向を辿り、その水準は１９８０年度の５０３万円からバブル経済時に急上昇し、１９８７年度６百万円台（６２６万円）、１９８９年度７百万円台（７３４万円）に達した。その後も上昇し１９９６年度には８４３万円となったが、これ以降はやや低下した。２０００年代の景気回復期には再び上昇傾向となり、ピークの２００７年度には９２４万円に達したが、その後はリーマン・ショックの影響を大きく受け２００９年度には７６７万円まで低下した。この間の規模別の推移をみると、大企業製造業が上昇傾向を維持した一方で、中小企業製造業は横ばいないし低下気味で推移した。大企業製造業では１９８８年度に10百万円台に乗り（１，０５２万円）、１９９６年度には12百万円台（１，２４２万円）、２０００年度13百万円台（１，３２５万円）とほぼ順調に上昇してきた。リーマン・ショック前のピークは２００７年度の１，５２６万円であった。リーマン・ショック時には11百万円台に低下したが、２０１６年度は１，３５１万円である。一方、中小企業製造業は１９８９年度５０４万円とようやく５百万円台に乗ったが、その後現在に至るまで概ね５百万円台が続いている。この間のピークは１９９７年度の５５２万円で、２０１６年度でも５３６万円である。大企業製造業と比べると、中小企業製造業では長期にわたり労働生産性の低迷が続いているといえる。

これに対して非製造業では、１９８０年代には製造業同様に上昇傾向を辿ったものの、バブル崩壊後にはほぼ横ばいとなり、１９９０年代はあまり変動がみられなかった。２０００年代にはやや低下傾向となり、２００８年度に６０４万円まで水準が低下した。その後は回復傾向を辿っており、2016年度は679万円である。非製造業は製造業と比較して労働生産性の変動は小さいものの、ほとんど上昇していない様子が窺われる。この間の規模別の推移をみると、大企業非製造業、中小企業非製造業ともにその変動幅は小さく、またあまり上昇していない。1980年代以降の中小企業非製造業の労働生産性のピークは1995年度の555万円、大企業非製造業は同じく2000年度の1、284万円で、これに対し2016年度ではそれぞれ511万円、1、170万円である。なお、大企業製造業を100とすると中小製造業は2016年度で39・7となり、大企業非製造業を100とすると中小非製造業は同43・7となる。中小企業は、製造業、非製造業ともに、大企業と比較して労働生産性の低さや回復の弱さが課題であるが、特に製造業における格差が大きい。

❷ 全要素生産性

労働生産性は、労働者がどれだけの付加価値を生み出したかを示す指標である。一方、近年多くの研究がなされている全要素生産性は、労働や資本など生産のために投入されたすべての要素によってどれだけの付加価値（産出）が生み出されたかという、すべての要素による生産性である。全要素生産性についてはソロー教授とクルーグマン教授の論文が有名で、よく引用されている。これらによれば、国の経済成長は労働、資本及び全要素生産性の寄与によって構成される。

そして国が豊かになるためには、単に労働や資本の増加によりＧＤＰの規模が拡大するだけでは十分ではなく、技術進歩等による生産性の上昇が伴うことが必要であり、この技術進歩等による生産性が全要素生産性といわれるものである。

（1）全要素生産性の計測

この全要素生産性の考え方は明確であるが、その計測には困難が伴う。国の経済成長は、単なる投入の増加（例えば人口が増えて労働供給が増加したとか、設備投資によって資本が増加したとかいうもの）による寄与と、それ以外の寄与、すなわち全要素生産性が上昇したことによる寄与とに分けられる。しかし労働や資本といった投入する生産要素の単位はばらばらで、さらに労働や資本以外の生産要素については、そもそも何を生産要素とすべきか特定が困難である。また、技術進歩などその計測や数値化が非常に困難な生産要素もある。このため、全要素生産性の研究においては、様々な前提を置いた上で、計測できる生産要素だけで試算しているものが多い。こうした問題はあるが、ここでは比較的よく用いられているコブ・ダグラス型生産関数によることとした。この手法を用いて、以下の計算式により全要素生産性を試算した。

全要素生産性の伸び率＝ＧＤＰの伸び率（経済成長率）－資本分配率×資本の伸び率－労働分配率×労働力の伸び率

なお、中小企業にとっては資本装備率の低さが課題であるとよくいわれるが、この資本装備率と労働生産性、全要素生産性との関係については、以下のように考えることができる。

労働生産性の伸び率＝全要素生産性の伸び率＋資本分配率×資本装備率の伸び率

ここから、労働生産性を向上させる方法としては、全要素生産性を引き上げる、資本分配率を引き上げる、資本装備率を引き上げる（労働力に比べて資本を増やす）、があるということがわかる。

これを国レベルで考えれば、資本蓄積が十分に進展してきた先進国においては、さらなる資本装備率の引上げは困難かもしれないが、仮に資本蓄積が不十分な産業がまだ存在するのであれば、その産業における資本装備率の引上げは労働生産性の上昇、ひいては経済成長に対して有効であろう。わが国にあてはめてみれば、国全体としては先進国であり資本蓄積は十分に進んでいると考えられるが、大企業に劣後している中小企業においては資本装備率の引上げの余地があると思われる。ただし、資本装備率を引き上げようとする場合に、ともすれば企業レベルでは資本を増やすよりも労働を減らす方向に向かいかねない。しかしながらこの場合には国レベルで見ると、労働移動が円滑でないと失業者が増え全体の雇用者所得が減少してしまう。中小企業にとって資本装備率の引上げは必須の課題であるが、労働を減らす方向に行ってしまうと国レベルでは成長阻害要因となることに注意が必要である。また、資本分配率を引上げるために労働分配率を引き下げると、労働への分配（＝雇用者所得）が相対的に目減りする。これも行き過ぎてしまうと、雇用者所得の減少を通じてわが国の総需要の減退をもたらし、経済成長を阻害する要因となりかねない。従って、やはり全要素生産性の引上げこそが労働生産性の上昇、経済成長の促進にとっての基本ということになる。もちろん、中小企業にとっては依然として資本の蓄積が必要であることはいうまでもない。

(2) 企業規模別の全要素生産性の試算

以上から、「法人企業統計」を用いて、中小企業、大企業の全要素生産性を試算してみることとする。ただし、「法人企業統計」はサンプル調査で、その回答率も毎年変動しており、年度ごとのサンプルによる計数の変動がある。また、労働や資本の計数は単純に法人企業統計の数値をそのまま使用しており、労働時間の変動や資本のビンテージなど新旧設備による能力差あるいは稼働率の変動などは考慮していない。したがって、今回の試算は厳密なものではなく、全要素生産性の規模別のおおよその動きであることに留意が必要である。

まず、法人企業全体では、1980年代までは全要素生産性は順調に上昇し、1975年度を100とすると1990年度には168・3まで上昇した(**図表序-3**)。バブル崩壊とともに上昇の勢いが鈍化し、1992年度の170・8をピークにやや低下し、これ以降2000年代を通じて横ばいないしやや低下気味に推移してきている。リーマン・ショック時には大きく低下し150台となった。足元2016年度では159・5である。

規模別に見ると、大企業が中小企業より先行して上昇し1988年度には168・0まで上昇

（図表序－3）全要素生産性の推移

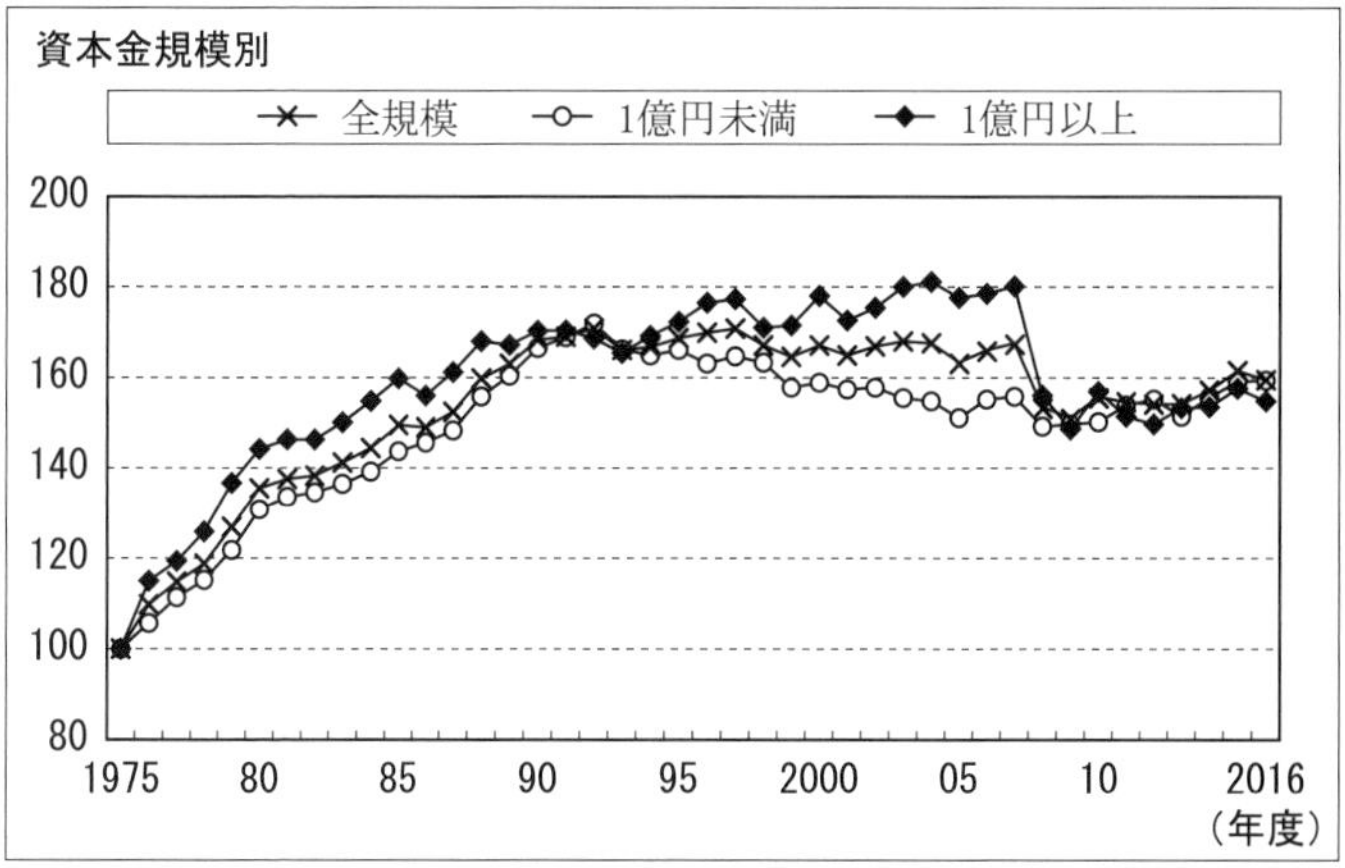

（資料）財務省　財務総合政策研究所「法人企業統計年報」
（注）1975年度＝100

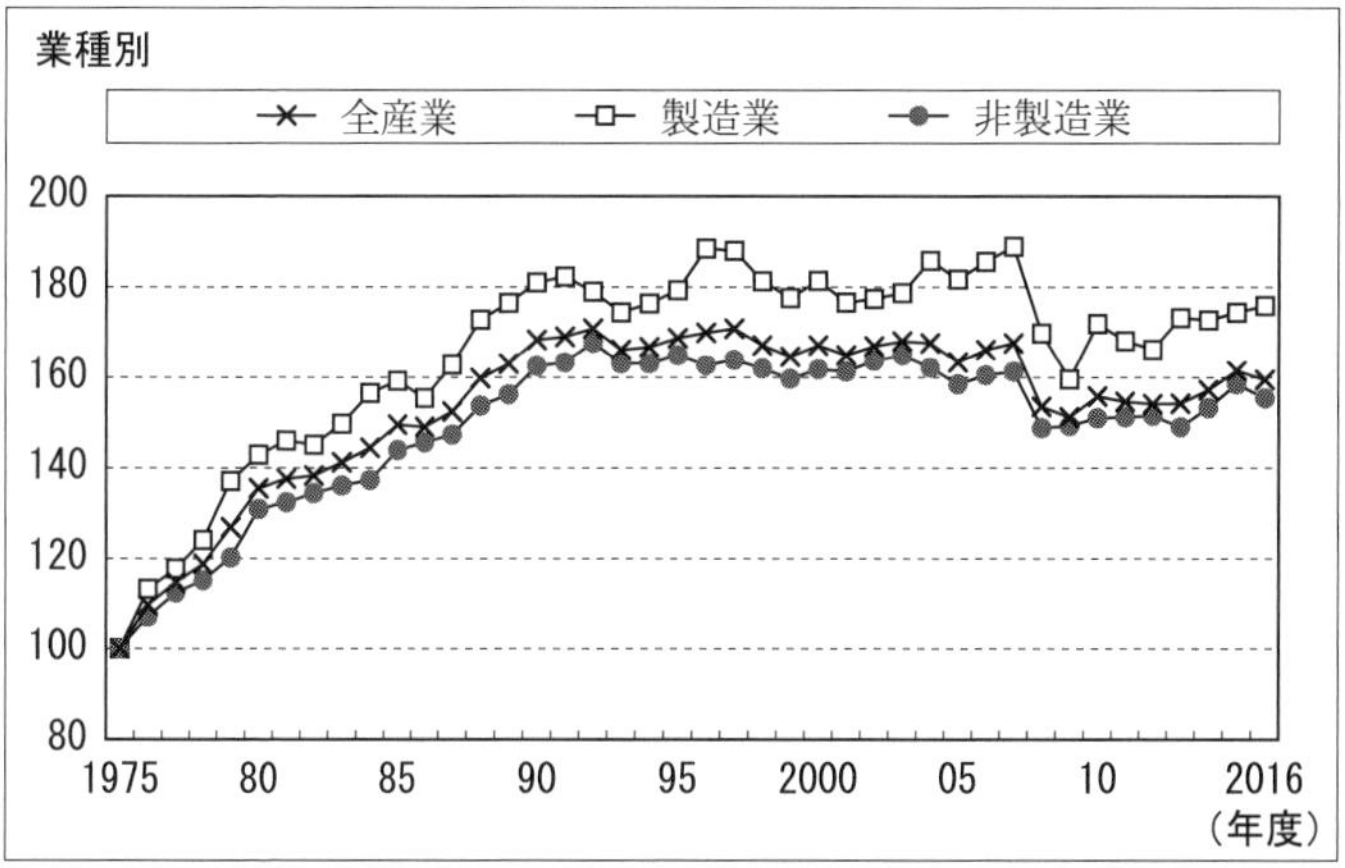

（資料）財務省　財務総合政策研究所「法人企業統計年報」
（注）1975年度＝100

したが、これ以降は一時上昇がとまった。1993年度を底に緩やかながら上昇し始め、2000年代にはいってもしばらくは上昇傾向を辿った。2004年度には181・1まで上昇したが、その後は横ばいとなり、リーマン・ショック時に著しく低下し2008年度で148・6と150を下回った。これは1980年代前半の水準であり、足元2016年度も依然として150台で低迷状態が続いている。

中小企業は、1980年代にかけて大企業に比べ遅れて上昇してきたが、大企業の上昇がとまった後も上昇を続け、1990年代に入る頃に一時追いついている。しかしながら、大企業が1990年代、2000年代と緩やかな上昇傾向を辿ったのに対し、中小企業では横ばいから徐々に低下傾向を示すようになり、この低下傾向は2000年代に入っても続いた。このため、大企業と中小企業との格差が拡大してきた。ただ、リーマン・ショック時の中小企業の落ち込みは大企業ほどではなく、結果として全要素生産性の格差が縮小し、指数はほぼ同水準となっている。2016年度は中小企業159・4に対し大企業は154・8であった。こうした推移を見る限りでは、1990年代から2000年代にかけて全体の全要素生産性が低迷したのは中小企業が主因であったが、リーマン・ショック後は大企業の低迷も大きいといえる。

次に、業種別に見てみると、製造業が非製造業より先行して上昇してきており、1990年度には180台となった（**前掲図表序－3**）。バブル崩壊後は一時低下したものの、2000年代にかけて緩やかながら上昇傾向を維持した。リーマン・ショック時には2008年度、2009

年度と2年連続して大きく低下した。最近は持ち直してきているが過去と比較すると見劣りする状況である。一方、非製造業は、１９８０年代は製造業同様に上昇を続け、そのピークは１９９２年度の１６７・７であった。しかしバブル崩壊後は１９９０年代、２０００年代とほぼ横ばいの推移が続き、この間ほとんど改善の兆しが見られなかった。また、リーマン・ショック後にはさらに水準が低下した。足元やや回復したものの低水準にある。製造業と比べると、非製造業の全要素生産性の動きは緩やかで、あまり芳しくない状況が続いている。

(3) 全要素生産性と経済の動き

上記で見たとおり、全要素生産性の動きはわが国の景気変動に合わせて変動する傾向がみられる。そもそも全要素生産性は技術進歩等、つまり供給側の要因により向上する生産性としてきたが、供給だけではなく需要によって変動する性格も持つようにも思われる。実績の推移を見る限り、全要素生産性は技術進歩などによる供給面での生産性の向上だけでなく、経済の需要面との両面に影響されることを示している。これについては、以下のような考え方がありうる。つまり、技術進歩により供給面での生産性が高まるとしても、それはあくまで潜在的な供給能力の向上であり、その供給に需要がマッチ（顕在化）しなければ、新たな付加価値は実現しない。全要素生産性は、潜在的には技術進歩等により上昇するのだが、そうした供給面での技術革新による全要素生産性の上昇は、新たな需要と結びつくことによって、現実の全要素生産性の上昇につながるということである。

ある商品・サービスが高付加価値かどうかは、供給側が決めるのではなくもっぱら需要側の評価に依存する。例えば、高い技術力により多くの機能を付加した商品を開発しても、それが過剰品質で消費者にとって使いこなせない、あるいはあまり意味がない機能であれば、その商品は売れないだろう。逆に、単身世帯の増加を背景に単機能のシンプルな商品が売れたりすることもある。いわば、供給側の技術革新は潜在的に全要素生産性を上昇させる（つまり能力が向上する）が、それが需要とマッチしたときにはじめて現実の全要素生産性が上昇し、付加価値が生み出される。それが、上記の景気変動と全要素生産性の動きにあらわれているものと推測される。なお、供給側の技術革新等は、景気が良くなるのを待つのではなく景気変動とは別にいつでも需要に応えられるよう蓄積されていくことが望ましいのではないだろうか。

第１章 人材教育による生産性向上

中小企業が労働生産性の向上を実現するためには、教育訓練により人的資源の「質」を高めることが重要であり、人材教育への戦略的な取り組みが求められる。しかし、中小企業は経営資源に限りがあり、費用対効果の観点からも個社による対応には限界がある。こうした制約の下での対応策として、本章では連携・組織活動による人材教育を取り上げる。

初めに中小企業経営における人材教育の重要性について概観した後、人材教育を重要な経営上の課題であると認識しながらも十分には行えない中小企業の現状を紹介する。次に、中小企業組合による人材教育事業の実施状況や、今後の見通しをアンケート調査などから明らかにする。最後に、ケーススタディとして、一般社団法人、中小企業組合、ＮＰＯ法人などの連携組織が取り組む人材教育を取り上げ、目的や意義などを整理・比較することにより、連携・組織活動による人材教育の利点について述べる。

❶ 中小企業経営と人材教育

（1）全要素生産性と人材教育

中村・開発・八木（2017）[注1]は、〝日本において、TFP（全要素生産性）成長率が伸び悩んでいる原因として、第一に、資本や労働といった経営資源あるいは研究開発によって蓄積された技術やアイデアを効率的に活用できていないこと、第二に、そうした経営資源が企業間で効率的に再配分されていないことが指摘できる。〟と分析している。そして第一の点については、〝技術革新を生産性向上につなげるためには、新技術に応じて、組織のあり方や仕事の進め方を柔軟に変更することや、労働者の技能向上を図ること、すなわち無形資産への投資が必要である。日本ではこうした無形資産への投資が十分に行われてこなかったために生産性成長率が低迷している可能性が指摘できる〟と論じている。また、「平成28年版労働経済の分析」では、無形資産投資は全要素生産性の上昇に対して波及効果を持っていること、従業者1人あたりの能力開発投資が伸び悩んでいることを指摘している。[注2]さらに「平成29年版経済財政白書」では、能力開発投資が企業の生産性に与える影響を試算し、〝およそ1人あたりの能力開発投資の1％増加に伴い、全要素生産性が0・03％程度上昇する〟という分析結果を得ている。[注3]

中小企業の全要素生産性については1990年代以降伸び悩んでいる（**前掲図表序‐2**）。中小企業が労働生産性の向上を図るためには、無形資産に目を向けてこれを経営に活かす取り組みが重要になってくる。とりわけ「量」の拡大が期待できない人的資源については、教育や訓練に積極的に取り組むことで、「質」の向上を図っていく必要がある。

（2）技能承継と人材教育

このところ「後継者難」による中小企業の事業承継問題が注目を集めているが、同時に「後継者難」による技能承継問題も深刻化してきている。前者は会社の所有及び経営の継承を意味するが、後者は組織に蓄積された知識の承継を意味する。一般的に知識は個人的で主観的な「暗黙知」と社会的で客観的な「形式知」に分類することができる（**図表１－１**）。「中小企業白書２００６年版」では、先行研究を踏まえて技能を職業能力として捉え、これを形式知化が可能な「技術」と暗黙知である「技能」の2つの概念に分けて整理している。(注4) そして「技能」を承継していくためには、継続的かつ地道な人材教育が必要であると論じている。(注5)

野中・紺野（１９９９）は、〝企業の知識の多くは暗黙知

（図表１－１）暗黙知と形式知の主な特性

暗黙知（技能）	形式知（技術）
言語化しがたい知識	言語化された明示的な知識
経験や五感から得られる直接的知識	暗黙知から分節される体系的知識
主観的・個人的、情緒的・情念的	客観的・社会(組織)的、 理性的・論理的
アナログ知、現場の知	デジタル知、つまり了解の知
身体的経験を伴う共同作業により 共有、発展増殖が可能	言語的媒介を通じて共有、編集が 可能

（資料）野中・紺野（1999）『知識経営のすすめ』p.105 に基づき筆者作成

なのであり、それをどのように活性化し、形式知化し、活用するかのプロセスこそが重要だと言えるのです。〟と説いている。そして両者の組み合わせにより、共同化（Socialization）・表出化（Externalization）・結合化（Combination）・内面化（Internalization）の４つの知識変換プロセス（ＳＥＣＩ（セキ）プロセス）を想定し（**図表１－２**）、「暗黙知」と「形式知」の相互変換を通じた循環的なプロセスを通じてダイナミックな知識創造が可能となる、と論じている。

このように「暗黙知」である技能を組織内で共有・移転し、高度化を図っていくためにはＯＪＴを中心とした長期的・継続的な視点に立った人材教育が必要となってくる。

（３）中小企業経営と人的資源管理

日本政策金融公庫総合研究所の「２０１８年の中小企業の景況見通し」によれば、経営上の不安要素として、

（図表１－２）SECIプロセスの概要

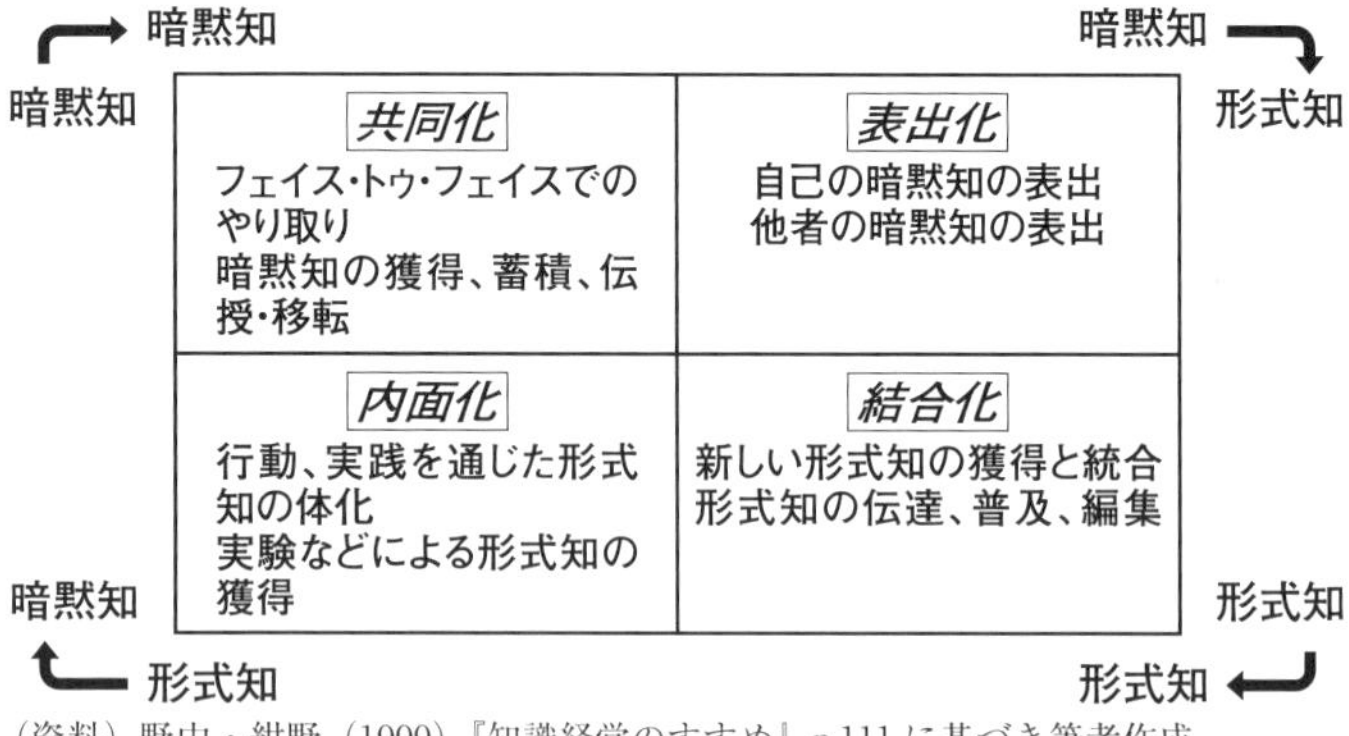

（資料）野中・紺野（1999）『知識経営のすすめ』p.111に基づき筆者作成

「国内の消費低迷、販売不振」（69・６％）に次いで、「人材の不足、育成難」（62・２％）が挙げられている。２０１０年調査以降両者の回答比率の推移をみると、前者は高水準ながら横ばいないしは若干低下傾向にあるが、後者はほぼ一貫して上昇が続いている（**図表１‐３①**）。また、２０１８年の経営基盤の強化に向けて注力する分野についてみると、「営業・販売力の強化」（66・２％）に次いで「人材の確保・育成」（62・８％）が挙げられている。同様に両者の回答比率の推移をみると、上記とほぼ同じ傾向が確認できる（**図表１‐３②**）。このように人的資源管理についての問題意識は年々高まってきており、約６割の中小企業は重要な経営上の課題であると認識している。

（４）人材教育の現状

厚生労働省の「平成28年度能力開発基本調査」（事業所調査）によれば、正社員に対して計画的なＯＪＴを実施した事業所は59・６％、ＯＦＦ－ＪＴについては74・０％となっている。(注6)一方、正社員以外に対して計画的なＯＪＴを実施した事業所は30・３％、ＯＦＦ－ＪＴについては37・０％となっている。(注7)このようにＯＪＴよりもＯＦＦ－ＪＴへの依存度が高い。なおＯＪＴ、ＯＦＦ－ＪＴの実施状況を従業員規模別にみると、いずれの教育訓練についても規模が小さくなるほど実施率は低くなっており、顕著な規模間格差がみられる（**図表１‐４**）。

人材育成の問題点についてみると、能力開発や人材育成に関して何らかの「問題がある」とす

（図表１－３）経営上の不安要素と経営基盤強化に向けて注力する分野

①経営上の不安要素

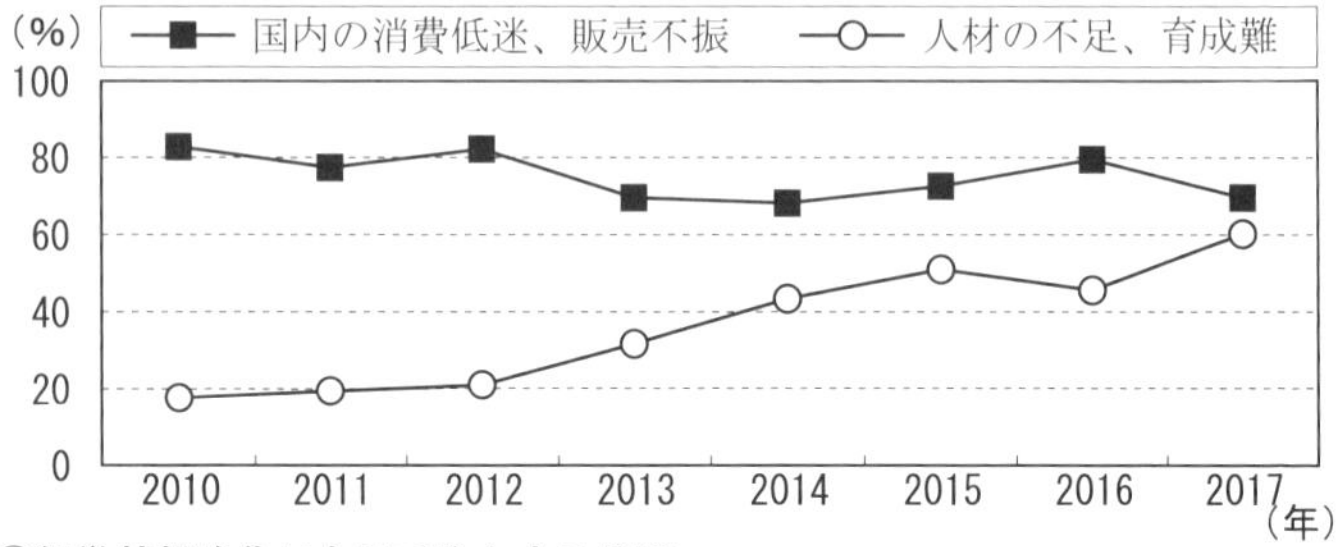

②経営基盤強化に向けて注力する分野

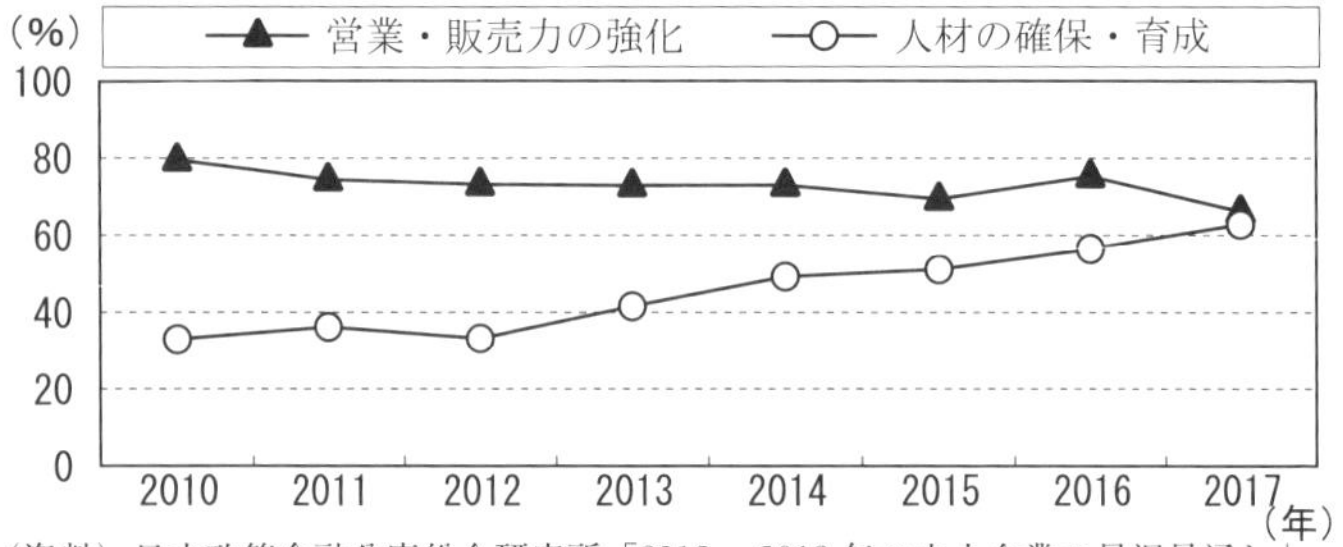

（資料）日本政策金融公庫総合研究所「2012～ 2018 年の中小企業の景況見通し」
（注１）2010 年～ 2017 年のニュースリリース資料に基づき筆者作成
（注２）複数回答（最大３項目を選択）

（図表１－４）人材教育訓練の実施状況　（％）

従業員規模	計画的なOJTを実施した事業所		OFF-JTを実施した事業所	
	正社員	正社員以外	正社員	正社員以外
1,000人以上	76.5	44.1	85.8	49.1
300～999人	65.8	28.2	82.9	40.9
100～299人	63.8	28.2	79.2	36.2
50～99人	50.3	24.8	68.7	31.9
30～49人	39.0	18.0	54.5	21.9

（資料）厚生労働省（2017）「平成 28 年度能力開発基本調査」p.13、p16

る事業所が72・9%を占めている。その内訳についてみると（複数回答）、「指導する人材が不足している」が53・4%と最も多く、以下「人材育成を行う時間がない」（49・7%）、「人材を育成しても辞めてしまう」（43・8%）の順に続いている。中小企業については、総じて従業員の数が少なく、自社のみの教育訓練プログラムを組むことが非効率的であることから、問題はさらに深刻化しているものと推察される。

また、正社員に対してキャリアコンサルティングを行う仕組みを導入している事業所は44・5%、正社員以外に対しては30・9%となり、双方ともにこのところ増加傾向にある。しかしながら、教育訓練の実施率と同様に従業員規模が小さくなるほどその導入割合は低くなっており、サポート体制についても規模間格差は大きい（**図表1-5**）。このように中小企業の人材育成の取り組みは十分とは言えない状況にある。

（図表1－5）キャリアコンサルティング導入状況（%）

従業員規模	正社員	正社員以外
1,000人以上	62.4	41.5
300～999人	43.9	29.0
100～299人	40.9	28.3
50～99人	36.1	26.5
30～49人	30.8	22.4

（資料）厚生労働省（2017）「平成28年度能力開発基本調査」p.19

❷ 中小企業組合による人材教育事業

中小企業の連携・組織活動は多種多様であるが、まずは代表的な連携組織である中小企業組合の事業を整理・分類することで、人材教育事業の位置付けを確認する。次に全国中小企業団体中央会の2つの報告書に基づき、(注8)中小企業組合の人材教育事業の取り組み状況、評価、今後の取り組みスタンスや組合員の期待などについて概観することとしたい。

(1) 人材教育事業の位置付け

中小企業組合の多くは、組合員の経営課題解決を支援するために様々な事業に取り組んでいる。代表的な組合である事業協同組合についてみると、中小企業等協同組合法において7種類の事業を定めている(**図表1-6①**)。そのなかの4番目には教育・情報提供事業(組合員の事業に関する経営及び技術の改善向上又は組合事業に関する知識の普及を図るための教育及び情報の提供に関する事業)が掲げられている。

一方、事業目的という観点から中小企業組合の共同事業を整理すると、「基盤支援事業」、「共同化事業」、「連携・交流支援事業」、「新分野開拓支援事業」の4類型に整理することができる(**図表1-6②**)。このなかの「基盤支援事業」は、組合員が行っている事業の種類や内容に関係なく、組合員の経営全般にかかわる事業であり、人材教育に関連する事業(人材養成)は当該類型に包含される。ちなみに「共同化事業」は、組合員が現在実施している事業の一部を組合の事業として行うもので、利用組合員が限定される場合も少なくない。

このように「人材教育」は、法律上に明記された組合事業の１つであり、かつ組合員の属性に関係なく経営支援を目的としている点で重要性の高い事業の１つといえる。

（図表１－６）組合の事業の種類と目的からみた類型

①法律上の分類

	事業の種類
一	共同事業
二	金融事業
三	福利厚生事業
四	教育・情報提供事業
五	新商品開発等研究開発事業
六	団体協約の締結
七	上記附帯事業

②目的からみた共同事業の類型

事業の類型	主な事業
基盤支援	金融、共済、施設共同利用、運送・保管、情報提供、調査研究、人材養成、福利厚生、事務代行
共同化	購買・仕入、生産・加工、販売・加工、宣伝・市場開拓
連携・交流支援	産学官連携、異業種交流
新分野開拓支援	新技術・新製品開発・新市場開拓

（資料）中小企業等協同組合法第９条の２第１項、全国中小企業団体中央会（2004）『平成16年版中小企業組合白書』P.1、2に基づき筆者作成

（2）組合事業の現状と教育・情報提供事業

組合の実施している事業をみると、「組合員・従業員の福利厚生」が52・2％と最も多くの回答を集めた。次いで、「情報の収集・提供」（51・3％）、「共同購買・仕入」（49・4％）が続き、「従業員の教育・訓練[注9]」は40・6％と第4位となった（図表1－7）。このように過半数の組合は組合の事業として「情報の収集・提供」に取り組んでいる。また、約4割の組合は「従業員の教育・訓練」に取り組んでいる。

最近3年間で取扱高が増加している事業をみると、「増加した事業はない」とする回答が41・9％と最も多かった。次いで「情報の収集・提供」（13・5％）、「共同購買・仕入」（12・5％）が続き、「従業員の教育・訓練」（9・7％）は第4位となっている。また、

（図表１－７）組合の実施事業（N=2,222、複数回答）

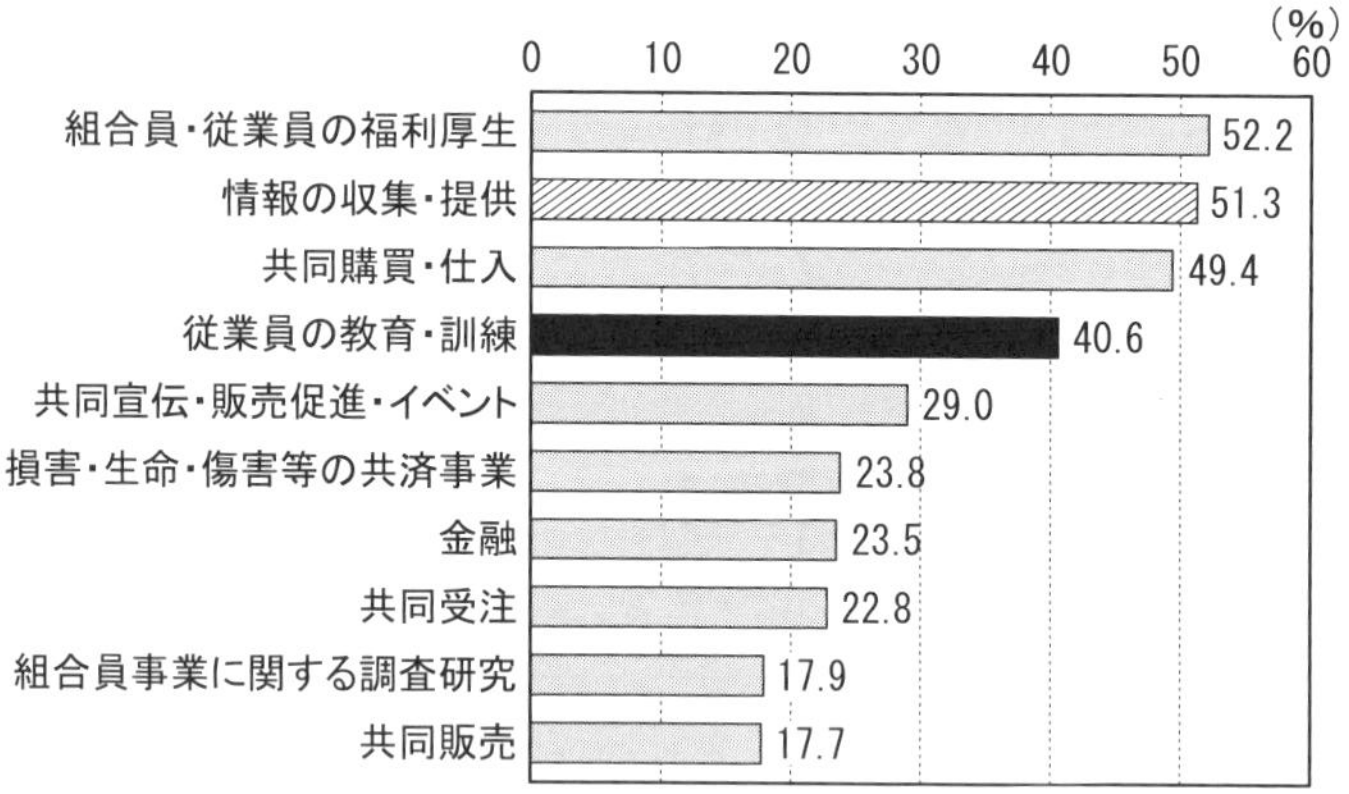

（資料）全国中小企業団体中央会（2016）『平成27年度中小企業制度研究会報告書【資料編】』p.16、43に基づき筆者作成
（注１）「金融」は、事業資金の貸付及び金融機関等に対する債務保証
（注２）「その他」10.4%、「無回答」1.9%を除く上位10項目を抜粋

組合員が希望する情報提供の内容についてみると、「人材活用・育成」が28・8%と第1位となった。

ちなみに組合員間の協調性・組合事業の参加意識の醸成に向けた取り組みについてみると、「情報発信・提供の強化」（54・7%）に次いで、「研修会の実施」が40・9%と第2位となった。このことから人材教育への取り組みは、組合の一体性の維持・強化にもつながるとみられている。

（3）今後の見通し

今後組合が重点的に取り組みたいと考えている事業についてみると、事業協同組合、商工組合ともに「従業員の教育・訓練」が第1位となり、全体でも13・1%と最も多くの回答を集めた（**図表1－8**）。次いで、「共同購買・仕入」（10・2%）、「共同宣伝・販売促進・イベント」（9・0%）、「共同受注」（8・1%）、「情報の収集・提供」（8・

（図表1－8）組合が今後重点的に取り組みたい事業（N=2,222、複数回答）

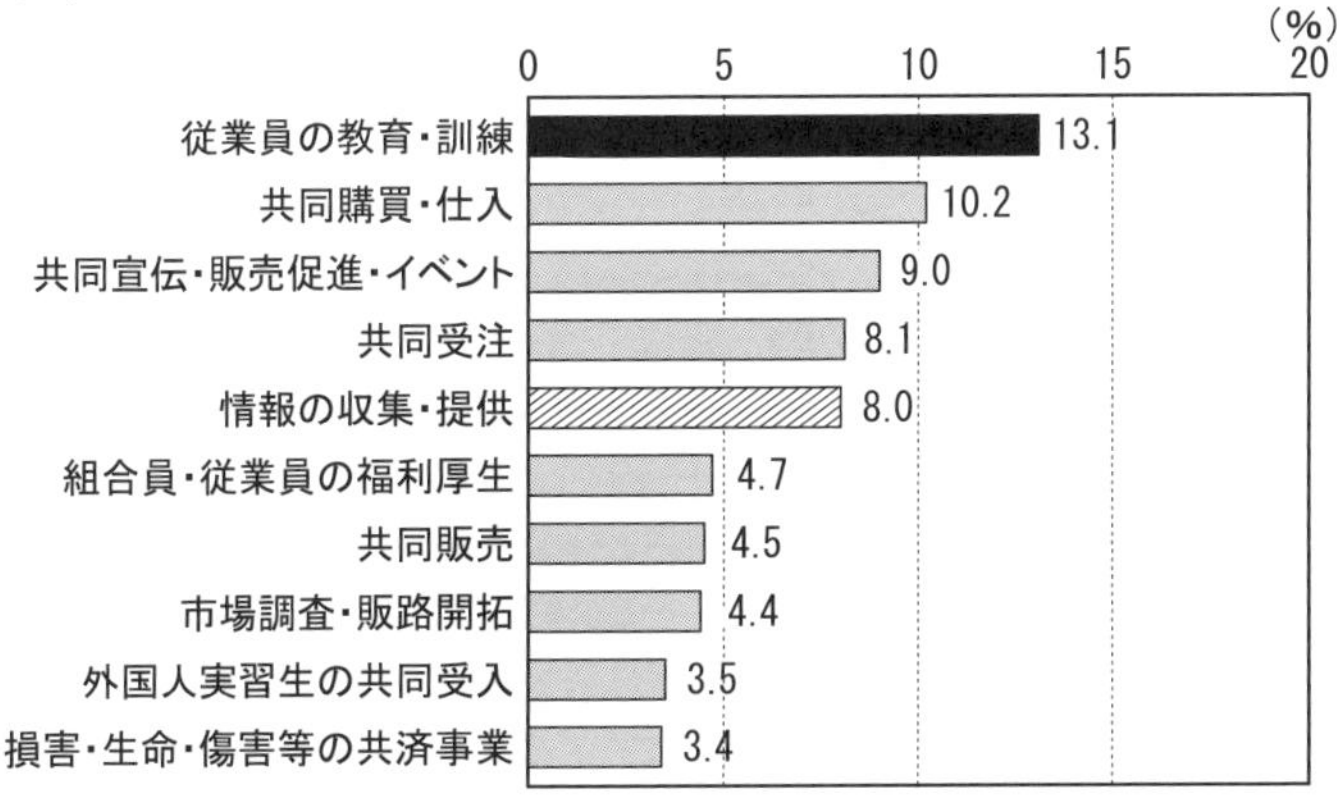

（資料）・（注1）図表1－7に同じ
（注2）「その他」5.3%、「無回答」42.8%を除く上位10項目を抜粋

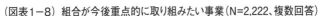

0％）の順に続いている。

中小企業にとって生産性の向上、取引力の強化は重要な経営課題である。こうした観点から組合が重点的に実施したいと考えている事業についてみると「情報の収集及び提供」が52・7％と第1位、「従業員の教育・訓練」が30・2％と第2位となった。以下、「共同購買・仕入」（23・8％）、「組合員・従業員の福利厚生」（18・9％）、「共同受注」（18・4％）、「市場調査・販路開拓」（16・0％）、「組合員事業に関する調査研究」（12・7％）の順となっている。

また、今後取り組んで行くことが必要だと考える組合員支援策についてみると、「事業承継」（32・1％）に次いで「人材（女性・若者等）活用・育成」（29・9％）が第2位となった**（図表1－9）**。

以上のように「従業員の教育・訓練」は、現在組合が実施している事業のなかで大きなウエイトを占めて

（図表1－9）今後取り組んで行くことが必要だと考える組合員支援策（複数回答）

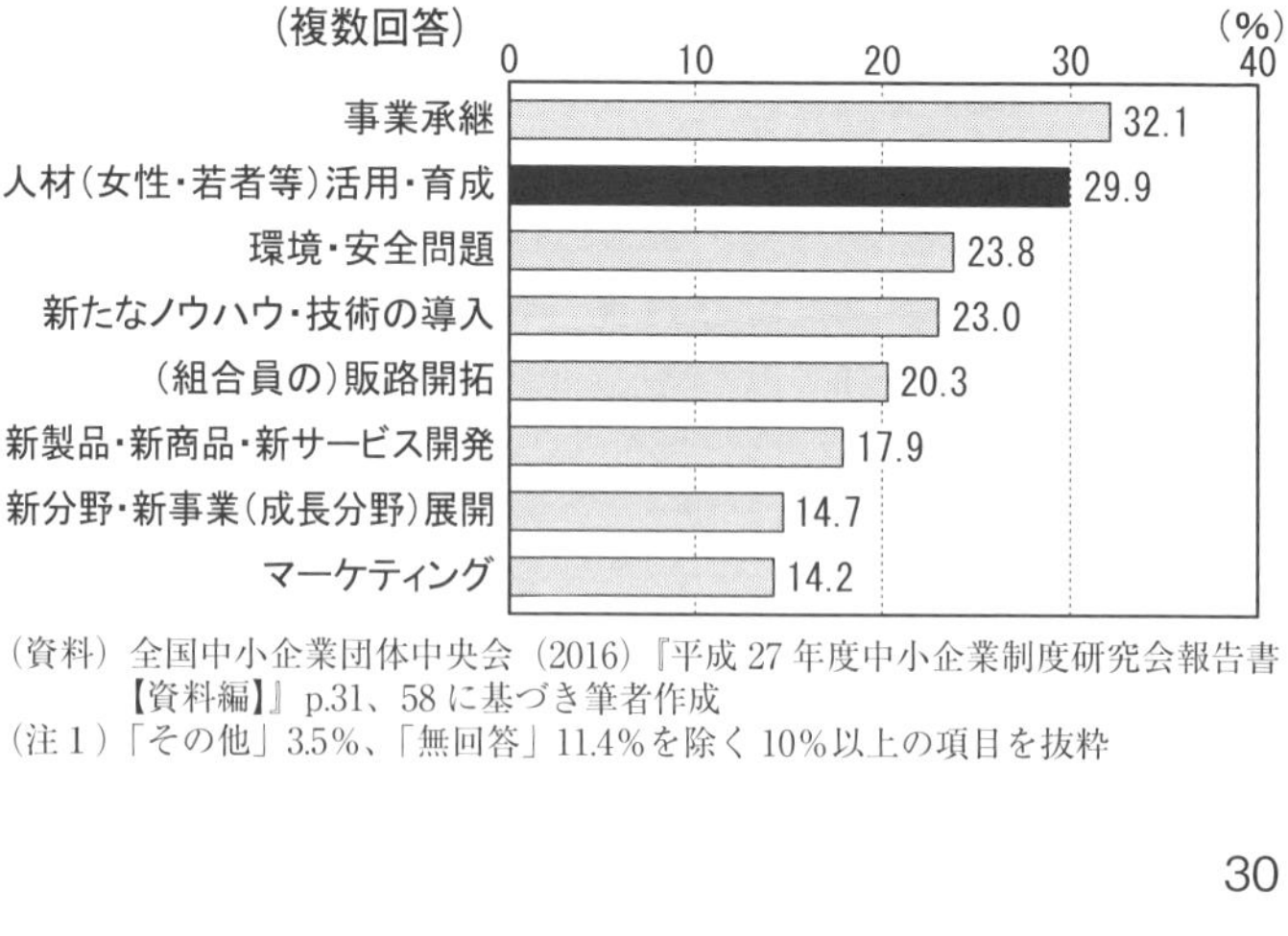

（資料）全国中小企業団体中央会（2016）『平成27年度中小企業制度研究会報告書【資料編】』p.31、58に基づき筆者作成

（注1）「その他」3.5%、「無回答」11.4%を除く10%以上の項目を抜粋

おり、今後組合が重点的に取り組みたい事業の最上位に位置づけられている。また、今後取り組んで行くことが必要だと考える組合員支援策についても、「事業承継」に次いで「人材活用・育成」が挙げられており、組合事業における人材教育事業の重要性は高まってきていることがわかる。

❸ 連携・組織活動による中小企業の人材教育

「中小企業白書2015年版」は、中小企業の人材育成について、①中小企業・小規模事業者全体の29・5％が個社で人材育成することに限界を感じている、②人材教育に関して、外部と連携している企業の割合は43・4％となっている、③連携先については、「同業者の中小企業」（34・3％）、「中小企業支援機関」（32・5％）が上位に位置づけられており（複数回答）、中小企業間の連携や中小企業支援機関の利用が活発である、と分析している。（注10）

本章では、人材教育事業に積極的に取り組んでいるタイプの異なる6つの連携組織に対してインタビュー調査を実施した。類型別内訳は、事業協同組合3、NPO法人2、一般社団法人1で、いずれも個人または中小企業者を中心とする組織である。まず、これらの組織の概要と運営の考え方、具体的な取り組みについて紹介する。次に各組織の人材教育事業を、目的、取り組みに向けた考え方、意義の3つの観点から整理・比較する。（注11）

（1）ケーススタディ

事例a　一般社団法人山梨県鉄構溶接協会　～コア技能の習得を全面的に支援～

設　立	1982年　所在地　山梨県甲府市　社員数　61　専従者数　3名
業　種	鋼構造物工事業（鉄骨、橋梁、鉄塔、立体駐車場工事等）
主な事業	人材育成事業、溶接技能者評価試験、各種技術・技能の競技大会に関する事業、品質管理及び安全管理に関する事業
運営方針	技術・技能の向上のための人材教育・育成強化

1．設立の経緯、目的

当協会は、山梨県の鉄骨構造物の製造や溶接作業を行う事業者からなる3つの団体が2008年から2010年にかけて合併・統合、2014年4月には社団法人から一般社団法人に移行し現在に至る（図表1－10）。合併・統合の主目的は、旧3団体がそれぞれ個々に取り組んでいた人材教育・訓練事業の効率化・高度化を図り、メンバーの技術・技能の維持・向上に寄与することにある。

2．人材育成に向けた取り組み

当協会の会員（企業）の業務運営上必要となるスキルは多岐に亘っている。また、定期的に安全教育を行うことが義務付けられている。こうしたなか協会は、多種多様な資格取得講習や安全教育訓練を実施するとともに、会員の要望を毎年聴取し事業の見直しを行っている。(注12) 協会で対応できないものは、全国鐵構工業協会、日本溶接協会、ボイラー・クレーン協会などの関連団体に教育訓練を委託している。主な人材教育事業は、認定職業訓練、溶接技能研修、新入社員研修の３事業で、各事業の概要は以下の通りである。

【認定職業訓練】

協会は、職業訓練法人として知事の認定を受け、「認定職業訓練」を実施している。前身の社団法人の時代から約30年の実績があり、会員企業にとっては、後述する溶接技能研修とともに鋼構造物工事に関する技術力や技能の維持・向上にとって欠かせないインフラの１つとなっている。

鉄骨の品質は、品質管理能力と技術力が有効に

(図表１－10) 組合の設立経緯

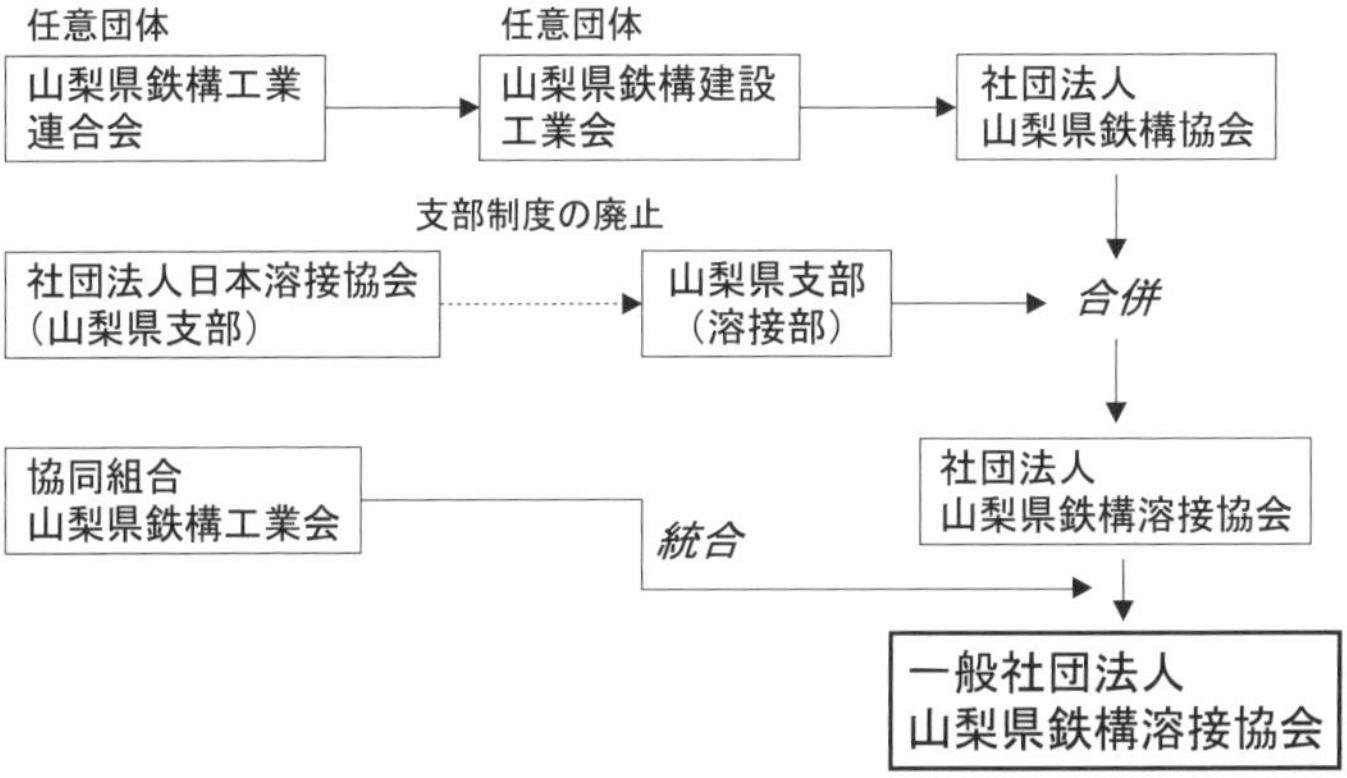

(資料) インタビューに基づき筆者作成

機能することによって確保される。このため「鉄骨製作工場認定制度」では、工場で製作される建築鉄骨の品質（特に溶接部）の信頼度を評価し、評価結果に基づき国土交通大臣が建設規模・使用鋼材の適用範囲に応じて工場を5つのグレードに区分し、施工できる鋼構造物の規模を認定している。(注13) そのため会員企業が受注増加を図っていくためには、現在のグレードを維持し、出来ればこれを引き上げていく必要がある。例えば、Rグレードの資格を維持するためには、経験3年以上の2級建築士、溶接管理技術者2級、非破壊検査技術者資格（超音波探傷試験レベル1）等の有資格者の確保が必要となる。(注14)

こうしたなか現在当協会では、会員企業のニーズに即し、非破壊試験技術者資格試験などに対応したカリキュラムを組んでいる。2017年度の科目は、溶接超音波科（座学、実技）、溶接粉塵科、クレーン運転業務科で、延べ45名が受講している。講師の多くは会員企業のベテラン職員で、受講生の大半は会員企業の従業員である。また、当協会は、認定職業訓練の実施のみならず、会員企業の有資格者の確保、レベルアップを図るために、各種資格試験の案内、受験希望者の受験申請から資格取得証明書(注15)の取得までの事務手続きについてきめ細かいサポートを行っている。

【溶接技能研修】

当該研修は、前身の3団体の1つである「社団法人日本溶接協会山梨県支部」の時代にスタートし60年の歴史を有する。中心となるのは、ガス溶接技能講習（14時間以上の受講時間）とアーク溶接特別教育講習（21時間以上の受講時間(注16)）で、これらは資格取得講習としてほぼ毎月実施している。その他にも能力向上講習会、溶接技術評価試験（実技試験、サーベイランス(注17)）、溶接技能競技会、資格試験や競技会の事前準備講習会などを開催し、溶接技術の維持・向上に取り組んでいる。主な受講者は、会員企業の従業員及び県内の工業系の高校生であるが、一般社会人にも門戸を開放している。

２０１６年度の実績についてみると、ガス溶接技能講習会は計16回開催、延べ４４２名が受講した。このうちの約３／４にあたる３３２名（10校）は高校生であった。アーク溶接特別教育講習会は計18回開催、延べ３８６人が受講したがこのうちの約7割を高校生（２６７人、11校）が占めた。また、２０１３年度より一般の部の溶接技術競技大会と同日に山梨県高等学校溶接競技会を開催しており（学校単位で参加）、上位入賞者は関東甲信越大会高校生溶接コンクールに推薦され、毎年好成績を収めている。ちなみに２０１６年度は7校、選手29名が参加した。このように協会は高校生を対象とした教育事業に力を入れており、その結果、過去に競技会に参加した学生が会員企業に就職する例もみられるようになってきた。

【新入社員研修】

会員企業の多くは指導人材が不足しており、個社で人材育成を行う余裕がない。特に、新入社員教育の負担が大きい。また育成しても定着化が難しい。こうした課題への対応を図るために、協会は２０１５年度から新入社員教育事業をスタートした。２０１７年度についてみると、訓練期間は４月から8月までの計１６３時間で、会員企業の社員12人（５社）が受講した。

講師は、協会およびポリテクセンター山梨（注18）の関係者が務め、受講料は10万円と負担感の少ない金額に設定している。なお、協会は毎年アンケート調査を実施し、受講者本位のカリキュラムの構築に努めている。これまでの特徴をみると、2015年度は安全教育に重点を置き、2016年度はJIS検定試験に備えて座学と実技の充実を図った。そして2017年度は資格取得の要望に応えるために、5トン未満のクレーン、粉塵、研削砥石、有機溶剤に関する安全教育を新たに加えた。

新入社員研修の主目的は、社内のOJTではカバーしきれない知識や実技を習得することにあるが、同世代の新入社員が一同に会して教育訓練を受けることで、受講生は会社の垣根を超えて同世代の仲間を作ることができる。仲間意識が醸成されれば離職の抑止力となる。また、お互いにライバルとして切磋琢磨することが、能力向上につながる。新入社員研修にはこのような副次的な効果が期待できる。

3.その他

協会は、2018年度の集合研修の開講式を前に新入社員を対象とした合同入社式を行った。業界全体で新入社員を歓迎し、育成するという姿勢を示すことは、新入社員のモチベーションUP、孤立化の回避につながり、人材の定着化にも寄与すると考えられる（取材日…2018年1月16日）。

事例b　熊本流通団地協同組合　～組合員の「中核人材」育成を支援～

設　　立　1986年　出資金　660百万円　所在地　熊本県熊本市南区
組合員数　86　専従者数　13名
業　　種　卸売業、倉庫業、貨物運送業
主な事業　金融及びコンサルティング、共同施設管理・賃貸、指定管理（熊本市流通情報会館）、組合子会社でビジネススクール、カーシェアリング事業を運営
運営方針　組合のCIである「あきんど!?」精神のもと、「売り手よし、買い手よし、世間よし」の三方よしで、常に未来を見据えた創造的な取り組みを行っていく

1．団地設立の経緯

都市部に立地していた流通業務施設を流通業務市街地に集約的に立地させることにより、物流交通を整序化し、流通機能の向上及び道路交通の円滑化に寄与することを目的に集約化。

2．人材育成に向けた取り組み―ビジネススクール事業

中小企業の強みであり大きな特徴の1つとして、経営判断の迅速性が挙げられる。しかし裏返せば、オーナーの判断に過度に依存する危険性もある。このため組合は、経営者の右腕とな

る「中核人材」の育成が中小企業の課題であると考えた。しかし組合員の現状をみると、育成に向けた研修体制を自社単独で構築することは時間とコストの負担、指導ノウハウの不足などから容易ではない。また、採用難などの理由により定期採用を行っていない企業も多く、総じて社内には同期生や同世代のライバルが少ない。そのため、経営者にとっても従業員自身にとっても人材として相対的な「市場価値」を把握しにくいという課題がある。

組合は、こうした課題の解決策として「あきんど!?ビジネススクール」を運営することを決意した。その狙いは、組合員企業の将来を支える経営幹部及びその候補者を対象に、経営に必要な基本的な知識や考え方を身に付けてもらうことにある。分野を絞り込んだノウハウやテクニックを教えるのではなく、バランスのとれた経営判断ができるような実力を養うために体系的な「ジェネラリスト教育」を志向している。(注19) このため組合は、ヤル気のある少数を対象とした高い学習効果が得られる研修を心掛けている。

事業は、組合の100%出資子会社「熊本流通団地株式会社」が運営している。研修期間は1年間と長期に及び、受講生は原則月2回、平日17：30〜20：00の2・5時間の講義を計24回受講する。また、講義とは別に中小企業基盤整備機構と提携し、全日のマーケティング関連の研修を開催している。カリキュラムの内容についてみると、リーダーシップとフォロワーシップ、コミュニケーションの取り方からスタートし、ビジネスマンとしてのリテラシー（読み書き能力）、情報管理、財務会計、企業法務、労務管理などに加えてケーススタディディスカッションなども組み込まれている。終盤（21〜23回目）には卒業発表会があり、受講を通じて学んだ課題やリーダー像等について各受講生が1人15分程度のスピーチを行い、最終回は発表会の総括討議の場となっている。講師陣は、組合の専務理事、(注20)公認会計士、社会保険労務士、弁護士等で構成されており、各自が専門のカリキュラムを担当する。

受講生の条件は、①将来的に経営の中核に携わっていくことが期待される人材、②向上心が高く、皆勤する熱意を持った人材、であり、年齢・性別・学力等の条件は付していない。過去の実績をみると40歳前後が中心となっているが、派遣先企業の意向により20代の若手や50代のベテランも受講している。定員は16名を目安としているが、これまでの実績をみると毎年継続的に20人前後の応募がある。その中に例年女性の受講実績があることも特筆される。

また、組合は受講生を派遣する企業には、研修の主旨を理解し、受講生の皆勤受講に向けた環境整備に協力するよう要請している。具体的には、講義時間には受講生が職務を離れて気持ちよく受講できるような周囲の協力や配慮を求めている。

講義には毎回スクールの責任者である組合の専務理事が出席し、講義の内容や伝え方などをチェックし、必要に応じて各講師に平易かつ理論を踏まえた説明を行うよう注意喚起を行っている。講義では宿題が出ることもあり、期日までに提出することが義務付けられる。そして、原則として全24回のうち20回以上出席しなければ修了証が授与されない。しかも宿題を提出しない場合は1回の欠席とカウントされる。また、前掲の卒業発表会では、受講生全員と派遣先企業の上司・責任者（原則代表者）がスピーチを聴講する形をとるため、自身ならびに自社の改善を約する「公約」発表の場としての意味合いが大きい。さらに研修期間中も必要に応じて派遣先企業に受講状況が報告される。カリキュラムについても毎期改善・見直しを行っている。このようにビジネススクールは、研修効果を高めるために様々な工夫をこらしている。

なお受講料は1人あたり8・5万円（消費税込）で、組合員の場合は組合を通して申し込むことで2・5万円の補助が受けられる。計60時間の講座としては負担感の少ない料金となっている。

3. 事業の成果

組合は2011年度以降毎年ビジネススクールを開講している。毎回定員を上回る申し込みがあり、2017年度までの受講生数の累計は136名に達する。現在団地内エリアで就業する従業員総数は2,000名程度とみられ、これを母集団とみるとすでに6％を超える役職員が受講したことになる。また受講生の派遣実績のある企業は20社で、その約6割がリピーターとなっている。これらの実績をみると、「中核人材」の育成を目的とする講座としては、関係者から高い評価を得られていると判断される。[注21] 実際に組合には、受講生の派遣先企業から感謝の声が数多く寄せられている。

また、大きな副産物として、多くの卒業生の組合事業への積極的な協力や主体的な貢献が見られることは、当初想定しておらず、今後の組合運営のすそ野拡大に大きな意味をもたらすものであると確信している。

なお当該事業は、集団化のメリットを生かした組合員の基盤支援事業であり（前掲図表１－６②）、営利を主目的とする共同事業ではない。しかし、組合事務局の内製化努力により運営コストを抑えることで毎期相応の利益を確保している。また、教室として使用している熊本市流通情報会館の稼働率ＵＰ等のシナジー効果もあり、収支面においても組合グループを支えている。

４．今後の課題

受講生は、本講座受講期間中は総じて高い意識とモチベーションを維持している。しかし講座終了後は時間の経過とともにそれらが希薄化してしまうことが懸念される。組合は、今後は受講後定期的にフォローアップ研修を行うこと等により研修効果を持続させるような仕組みづくりが必要であると考えている（取材日：２０１７年10月27日）。

事例c　越前漆器協同組合　〜産官学連携により即戦力となる後継者を育成〜

設　立	1950年　出資金　3百万円　所在地　福井県鯖江市
組合員数	142（ピーク1992年…258）　専従者数　7名
業　種	漆器製造、販売、漆塗り加工（木地作りから塗り、加飾である蒔絵や沈金等仕上げに至るまでの漆器製造の全工程の職人が集積）
主な事業	共同販売、共同受注、教育・研修、指定管理（うるしの里会館）、PR
運営方針	相互扶助精神に基づき漆器産業の技術の研鑽、継承（後継者の育成）事業に取り組み、地域機能の維持・強化、文化の伝承を図る
特記事項	「越前漆器」は1975年に「伝統的工芸品」(注22)に指定され、組合内の伝統的工芸士(注23)は現在35名。一方で組合員は、木製の漆器以外にも合成漆器の製造にも積極的に取り組んでおり、当地は業務用漆器の約8割を生産する全国有数の産地となっている

1．設立の経緯・歴史

越前漆器の誕生は今から約1，500年前に遡る。当地にはじめての漆器組合である今立郡漆器業組合が設立されたのは1900年であり、これが現組合のルーツである。組織化の主目的は、同業者仲間の相互扶助であるが、明治維新後に各種組合が設立された背景には、当時の政府の強い勧業政策があった。その後組合は新たな組合関係法の制定等により改組・改称され、時代の流れとともにその性格や役割は変化していった。[注24] そして第二次大戦終了後の１９４９年に中小企業等協同組合法が制定され、翌年に同法に基づく事業協同組合として現組合が設立され現在に至っている。

２．組合・産地の現況と課題

越前漆器の伝統的工芸品分野においては、木地、塗り、加飾（蒔絵、沈金など）の各工程は完全分業制となっているが、当産地では全行程の職人が集積している。全国的にみてもこうした産地は珍しく、長い歴史の中で技術・ノウハウが蓄積されてきた。優雅さと堅牢さを兼ね備えた越前漆器の卓越した「技」はこうした強みに支えられており、安定して高い評価を得ている。[注25] しかし低成長経済への移行が進むなか、他産地との競争激化、海外からの低廉な競合商品の流入などから産地を取り巻く環境は厳しさを増している。

こうしたなか組合は、新たな販路を開拓するための挑戦を続けている。[注26] 最近の主な取り組みについてみると、２０１３年に静岡県掛川市から山車（二輪屋台）の塗り及び加飾の業務を受注した。これにより当産地はこれまでの食器を主体とする塗加工だけではなく、大きな素材の加工まで対応可能であることを示した。２０１４年からは富山県の井波彫刻協同組合と連携した山車制作に取り組み、２０１６年に「越前塗山車」が完成した。山車の制作は世代を超えた職人の共同作業が必要となり、産地の一体感の醸成、実践でしか学べないノウハウ（暗黙知）の蓄積をもたらすとともに、新たな市場開拓にもつながっている。さらに小型の山車、ミニチュアの山車も納品している。

また、慶応義塾大学大学院メディアデザイン研究科と連携した「伝統工芸とＩＴを生かした地方創生事業」では、インバウンドを視野に入れた漆塗りのタンブラーや水筒などの新商品の開発に取り組んでいる。[注27] ３Ｄプリンターや３Ｄ切削工具などの現代工具を活用した漆器づくりにも挑戦している。このように組合は、当産地の強みである高度な漆器関連技術の集積と、様々なニーズに迅速かつ柔軟に対応できる機動力を活かし、需要の拡大を目指した取り組みに力を入れている。

しかしながら、１９９５年以降組合員数の減少に歯止めがかからず、現在はピーク時のほぼ半数となっている。また、職人の高齢化も進んでいる。特に、轆轤を使って木を削る丸物の木地師は高齢の職人が多い。当産地の最大の強みは漆器製造の全工程にわたる「技」の集積であり、たとえ１工程であってもその「技」が途絶えてしまえば産地にとっては大きな痛手となる。こうした「技」の断絶を回避し、これを伝承していくために、新規需要の開拓に加えて後継者の育成が産地にとって喫緊の課題となっている。

3．人材確保・育成に向けた取り組み―伝統工芸インターンシップ事業

組合は、後継者の育成に向けて産学官連携により、即戦力となる技術を学んでいる若者を産地に呼び込み、彼らを後継者として産地に根付かせることを目指す「Ｉターン伝統工芸産業振興戦略」を展開している。産学官の当事者は、鯖江商工会議所、学校法人二本松学院（京都伝統工芸大学校、京都美術工芸大学、京都建築大学校）、鯖江市で、２０１５年４月に３者が包括連携協定を締結し、当産地の後継者人材の確保と学生の就活支援をサポートするインターンシップ事業に取り組むこととなった。「学」として同校が選ばれた理由は、すでに当地では京都伝統工芸大学校卒業生６人が塗り師などの職人として活躍していることや、工芸学部のある同校の第１期卒業生が２０１６年３月に卒業することから、産地側は即戦力を確保したいと考えたからである。一方同校は、漆器の技術を学ぶ専攻があり、２～４年間かけて技術を身に付けるが、卒業生の進路確保が課題となっていた。

初年度の２０１５年度の取り組みは、組合と福井県中小企業団体中央会、鯖江市の共同企画により運営された。組合はインターン生の受け入れ先（組合員）の募集、学生の募集、面接、受け入れ体制の整備などを担当した。なお、受け入れ対象は漆工芸を専攻している学生とし、受け入れ先、学生、組合の３者で面接を行った。鯖江市は都市部からの受け入れ学生の確保に協力した。また、インターンシップ実施前には漆器工房を巡る「産地見学会」を開催し、越前漆器産地の魅力をＰＲした。中央会は、組合、鯖江市とともにスケジュール表の作成、関係者との調整に関わった。インターンシップは１週間の日程で実施され、学生５名が参加し、工房で蒔絵や塗の作業を体験した。また、地域住民との交流を通じて産地の歴史や文化を学んだ。なお、受け入れ学生の交通費、宿泊費については行政の助成金を活用した。このように組合は、「官」「学」との連携により単独では実施困難であったインターンシップ事業を実施することができた。その後毎年インターンシップ事業を継続しており、3年間の受け入れ実績は9名となっている。

なお、福井県（越前ものづくりの里プロジェクト協議会）では、2014年度以降県の伝統的工芸品である越前漆器、越前和紙、越前打刃物、越前焼、越前箪笥の後継者を養成するために「伝統的工芸職人塾」の塾生を募集している。研修の種類は短期（インターンシップ）と長期の2種類がある。短期塾生の対象となるのは、高校生、大学生、専門学校生、社会人と幅広い。期間は2か月以内（受け入れ先との調整）で、技能研修を実施する。一方長期塾生の応募資格は、将来産地に定住して対象の工芸品製造業に従事する強い意志を有する者で、原則40歳以下と定められている。研修期間は1年以内（5年間まで延長可）と長期に及び、研修期間中は産地で生活し、全般的な基礎知識や技能習得のための実習と商品開発に必要なデザイン等の座学を受講する。いずれの研修も受講料は無料である。また、短期については、宿泊費、交通費の1／2の助成が受けられる。長期については、研修手当、家賃補助等の生活支援が受けられる等行政が全面的にサポートしている。

ちなみに上記職人塾事業と組合事業との関係についてみると、組合は市と連携して短期塾生の受け入れ窓口となり、産地内の各受け入れ事業所の紹介に努めている。また、組合の主要活動拠点である「うるしの里会館」が組合員の各事務所とともに長期塾生の研修場所に指定されており、実質的に組合及び組合員は当該研修事業に関与している。同事業の累計実績をみると、短期塾生の受け入れは20名となっており、京都伝統工芸大学校以外にも福井工業大学や富山大学、京都精華大学の学生も参加している。また、長期塾生は5名、入塾予定者を含めると8名で、その半数は京都伝統工芸大学校卒業生である。数字面の実績は十分とはいえないかもしれないが、組合のインターンシップ事業への取り組みが、本気で漆器製造に打ち込もうとする若者を呼び込みつつある。そして彼らの意欲や新鮮な感覚や発想が産地の活性化につながるものと期待される。

4.今後の課題

現在多くの組合員は後継者の確保に頭を悩ましている。しかしながら、組合が実施するインターンシップ事業や「伝統的職人塾」では、受け入れ先数が希望者数を下回る状況が続いている。その理由は、受け入れ先の経済的な問題、マンパワーの問題から、弟子を養いつつ現場で継続的に指導する時間を確保することが難しいからである。

組合は、こうした雇用のミスマッチを解消するためには新たな需要の開拓、商品の高付加価値化などにより組合員の経営改善をすすめていく以外に方法はないと考えている。そのために行政の支援を確保しつつ、大学等外部の知見を取り入れることで、組合員の販路拡大支援を続けている。(注28)「後継者育成」と「販路拡大」は別々の課題ではなく、密接な関連がありセットで解決を図る課題と認識している（取材日：２０１７年12月11日）。

事例d　ファーマーズ協同組合　～就農希望者を育成・支援し、農業の担い手を育成～

設　　立　2008年　出資金　1百万円　所在地　香川県善通寺市
組合員数　53（個人、農業関連法人）　専従者数　6名
業　　種　耕種農業（畑作・野菜、施設園芸、果樹）、畜産農業（酪農、養鶏、養豚）、その他（花卉、食品加工、苗木販売）
主な事業　外国人技能実習生受け入れ（カンボジア、フィリピン、ラオス等）、無料職業紹介、教育・情報提供事業を通じた農業の「担い手」育成、農業用資材等の共同購買
運営方針　地域農家の所得向上、雇用確保を通じて地域の活性化を図る
特記事項　組合は常時180人程度の外国人技能実習生を受け入れている

1．設立の経緯、目的

2008年に農業分野での外国人技能実習生の受入事業（「団体監理型」[注29]）の適正化を図るために農家で組織する当組合が設立された。しかしながら現在組合が最も力を入れているのは、地元香川県の農業の担い手の育成である。そのために組合は、日本人の新規就農希望者の受け入れ窓口となり、希望者が適性に合った農業に取り組み、将来的に地域の農業の担い手となれるよう継続的にサポートしたいと考えている。以下ではこうした就農支援についての取り組み

について説明を行う。なお組合は、設立の経緯から組合事業を適切に運用し、研修の質の維持・向上を図るために、組合への新規加入に際し、組合員の推薦及び役員会の承認を必須条件としている。そのため総じて組合員のマネジメント能力は高い。

2．人材育成に向けた取り組み——農業の担い手育成

組合は新規就農希望者の受け入れ窓口となり、育成事業をコーディネートしている。(注30) 募集の対象は概ね30歳以下の若年層である。募集後の凡その流れについて簡単に説明すると、組合は、①研修希望者から履歴書の提出を受けて面談を行う。②研修生の受入先となる組合員農家及び現地視察の日程を調整する。③受け入れ先で一週間程度の短期研修を実施する。この間の給与の支給はない。なお、研修生は期間中に他の農家の見学も可能である。④短期研修の最終日に研修生と今後の進路を相談する。その際に研修生は他の農家の紹介を受けることも可能である。⑤研修生、受け入れ先双方が納得した場合は、1年間の長期研修に移行する。当該期間中は受け入れ先から研修生に給与が支給される。なお、研修期間中に今後のキャリアプランについて組合に相談することができる。例えば、のれん分け就農、出身地に戻っての就農、海外での就農、独立して個人経営、農業法人等への就職などの選択肢が考えられる。一言で「農業」といってもその幅は広く、奥が深い。組合の強みは、多様な組合員の連携力であり、現場の目線で研修生からの様々な相談に柔軟に対応できる点にある。従って研修実施期間中であっても進路

の軌道修正を行うことが可能である。

研修内容は、農業を経営する能力を身に付けることを目標としている。農作業のノウハウは、受け入れ先の現場で経験を積むことで習得することになるが、栽培や飼育の方法を覚えただけで生活できるほど農業は甘くない。儲かるビジネスモデルを構築していく知識や能力が求められる。すなわち、種苗や肥料、生産、加工、梱包、輸送、販売に関する知識はもちろんのこと、一連のモノの流れ、カネの流れを把握し、適切にマネジメントできるスキルを身に付ける必要がある。そのために組合は県やＪＡ香川県と連携し、様々な集合研修を実施している。例えば、種苗会社、農業施設、農業機械製作所、野菜のカット工場、青果市場の見学、スーパーでの販促活動、消費者交流イベントの見学や簿記の講習などである。(注31) また、悩み事を相談できる仲間作りや、地区内で相談できる師匠を見つけることができるようサポートしている。

なお、組合は農業の後継者育成のためには、日本人の平均生涯所得と言われている２・５億円を確保することを目標に自立できるよう指導している。そのために組合員は、研修生や新規就農者に機械化（施設化）対応などにより所得を増やす方法を伝授しており、組合及び組合関係者も必要に応じてアドバイスを行っている。(注32)

３．事業の成果

組合の農業の担い手育成事業の取り組みにより多いときには年間20人程度の新規就農者が誕

生している。こうしたなか香川県では新規就農者の増加が顕著である。県の農業経営課の調査によれば、組合が設立された2008年度の香川県の新規就農者は32人であったが、翌2009年度は117人と約4倍に急増した。その後多少の増減はあるものの増加基調が続いており、2016年度は167人となった。とりわけ40歳未満の若年世代の新規就農者の増加が目立っている。同世代の就農者の推移をみると、2008年度は20人であったが、翌2009年度には92人となり、2012年度に3桁に達し、2016年度は130人となった。このように若年世代を中心に新規就農者が増加している背景には県やJA香川県、その他の農業関連団体等の努力があると推察される。(注33) しかし、現場で就農希望者の成長を支えている組合の地道な取り組みの波及効果は大きいと思われる。

また、組合の研修を経て新規に就農した者のなかから、次世代の農業の後継者育成に積極的に取り組む人材が育ってきている。このように就農経験者が新たな就農希望者をサポートする生態系（エコシステム）が形成されれば、地域の農業の活性化を強力に後押しすると思われる。

4. 今後の課題

農業の担い手を受け入れて、育成していく体制は徐々に整いつつある。しかし、農地の確保が大きな課題となってきている。香川県の耕地面積は、宅地や道路などの非農業的土地需要から減少傾向が続いている。また、年間の農地転用面積は耕地面積の1％未満であり、新たな農地の供給が極めて少ない状況にある。(注34) 農業の生産性は、土質、形状、進入路、水回りなどに大きく左右されることから、いきおい優良な農地は奪い合いになる。(注35) また、農業全般に言えることであるが、労働条件の問題がある。労働時間、休憩、休日、深夜労働を除く割増賃金などについては労働基準法適用除外とされており、他の産業と比較すると労働環境は厳しい。

これらの課題はすぐには解決できない。地域の農業関係者が協力しながら、創意工夫により生産性を高め、儲かる農家を増やしていくという取り組みを地道に継続する以外に道はない。組合は、農家の所得の向上を図ることが雇用確保につながり、地域を活性化する原動力になると考えている（取材日：２０１７年11月17日)。

事例e　NPO法人G－net　～地域内に人材育成の生態系（エコシステム）構築を目指す～

設　立　（法人化）2003年　経常収益　86百万円　所在地　岐阜県岐阜市
職員数　15名（常勤10名、非常勤3名、インターン生2名）
主な目的　岐阜の地域活性化とその担い手となる右腕人材の育成に取り組む
主な事業　インターンシップコーディネート、就職・採用支援
運営方針　チャレンジする『人』を育て、応援する

1．創業の経緯

地元出身の創業者（前代表）は、東京の大学に在学中、帰省時に街が寂れていく現実を目の当たりし、地域を活性化するために何かをはじめたいと考えた。そこで任意団体G-netを設立し、月1回の講演会を開催、年末にはカウントダウンイベントを主催した。6ヶ月期間限定のつもりではじめた活動は、地元の新聞で取り上げられるなど注目を集め、その後も若者と地域の企業経営者の交流の場として定着していく。そして2003年に法人格を取得し（NPO法人の認証取得）、市の地域活性化イベント事業を受託した。以降本格的に地域振興活動に取り組んでいる。

２．事業の目的・考え方

中心業務の１つである長期実践型インターンシップ事業は２００４年にスタートした。その後当法人は創業・経営支援事業にも取り組むなかで、人材育成に経営資源を集中したいと考えるようになった。そして２００７年に活動方針を大幅に変更し、収入源であったイベントやフリーペーパーの発行業務から撤退することを決断した。その理由は、地域が直面する個別の問題を取り扱うことよりも、その問題を解決するために行動する『人』を増やすことのほうが重要であると考えたからである。以降現在まで事業を通じて若者と地域の中小企業を結び付け、人材育成の生態系（エコシステム）を地域内に構築していくことに取り組んでいる。

ここで地域の現状をみると、学生が地元の中小企業を知る機会は少ない。一方中小企業は学生の目線に立った情報発信ができていない（注36）。また、中小企業の多くは、人材育成ノウハウが不足しているなどの課題が多い。当法人は、こうした課題の解決を図るために、学生が就職するまでの認知・行動のプロセスを「知る」→「触れる」→「関わる」→「踏み込む」→「決める」という５段階に分けて、それぞれの段階で目的に沿う事業を展開している。こうした取り組みを通じて若者と地域の中小企業を結び付けたいと考えている（図表１‐11）。

３．人材育成に向けた取り組み―長期実践型インターンシップ事業

インターンシップ事業は、短期、中期、長期の３種類のメニューがあるが、ここでは最も力

を入れている長期実践型「ホンキ系インターンシップ」の取り組みを紹介する。

当該事業は、経済産業省が進める「チャレンジ・コミュニティ創成プロジェクト(注37)」の一環としてスタートした、若者を対象とする新たなインターンシップ制度である。内容は、仕事に興味のある学生と地域の中小企業を結ぶことで、学生には就業体験を、企業には斬新な発想をもたらす人材を提供するプログラムとなっている。

その最大の特徴は実践的なプロジェクトを組んでいることである。一般的なインターンシップは2～3日から2週間程度であるが、当法人は学生、受け入れ企業を厳選し、6ヶ月から1年の研修プログラムを提供する(注38)。その間学生は正社員として実習に参加し、ビジネスの現場を五感で感じ、体験し、学ぶ。こうした貴重な時間が学生の成長を促す。一方、企業側も意欲的に挑戦する学生の姿勢に触れることで、新たな気付きがあることが多く、一緒に働く従業員の良い刺激にもなっている。そして人

（図表１－11）経営の考え方と事業の位置付け

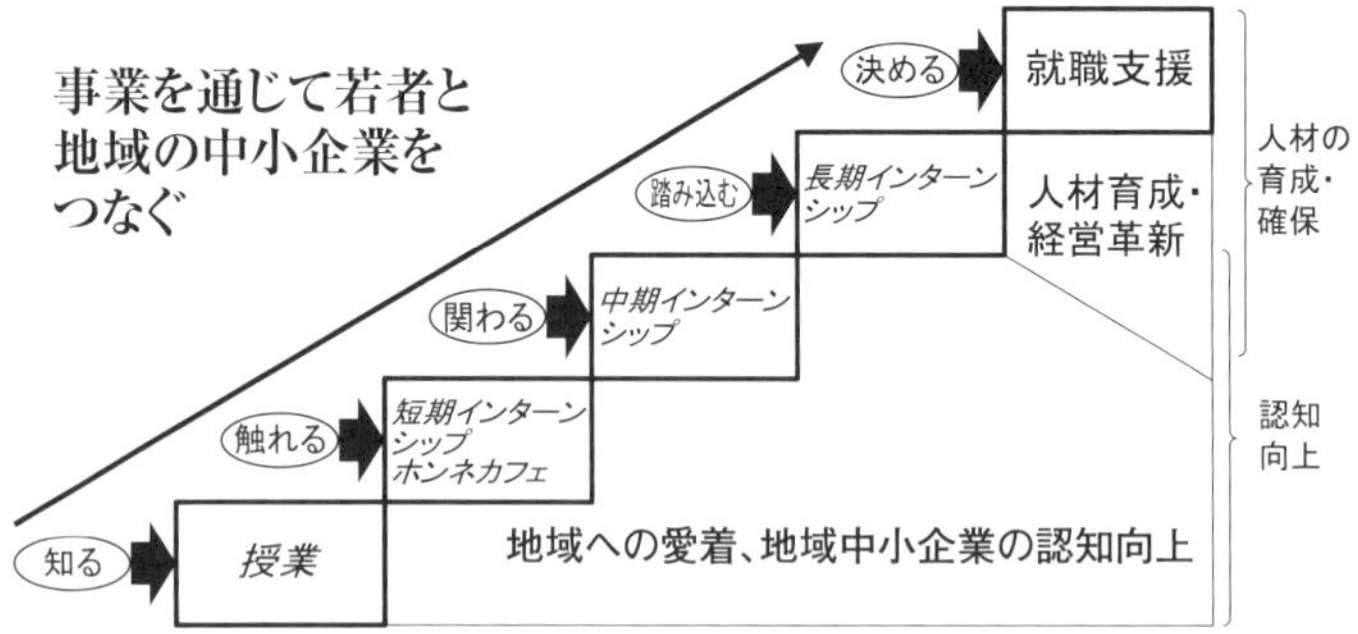

(資料）インタビューに基づき筆者作成

材を育てる組織風土や文化の醸成につながっている。当法人は、２００４年以降継続して本事業に取り組んでおり、学生と企業のコーディネーター役として様々な工夫を凝らしながらノウハウを蓄積してきた。ちなみに現在の事業の概要は以下の通りである。

当法人は、インターンシップ参加を希望する学生、受け入れを希望する企業双方からの申込みを受付け、それぞれと面接し可否を決定している。学生は、熱意・ヤル気があり、学業との両立に問題がないことが求められる。受け入れ企業は、①経営者が常に挑戦していること、②学生を育てるビジョンを当法人と共有できること、③学生が主体的に取り組むことが可能なプロジェクトの設計ができること、以上３つの条件すべてを充たす必要がある。学生と受け入れ企業のマッチングが終了し、研修プログラムが決定すると、関係者間で契約を締結する。事業の構造については図表１－12の通りである。

インターンシップがはじまると、学生は実習日には毎日日報を提出し、月１回開催される集合研修に参加する。また、当法人のコーディネーターとの面談や、役割分担表に基づくサポート（注39）、企業を含めた３者によるモニタリング等による支援を受ける。インターンシップ終了後は報告書を提出し、終了報告会でプレゼンテーションする機会を設け、学びを落とし込めるよう工夫している。一方企業は、学生が職場で円滑なコミュニケーションを確保できるよう配慮し、主体的に取り組むことが可能な実習内容を開発し、学生を適切に指導する。そして当法人の担当コーディネーターと面談し、プログラムの進捗状況を定期的にフォローする。

同事業の実績についてみると、２０１７年７月までのインターンシップ参加人数は累計で６９５名に達している。(注40)また、２０１６年度の実績（２０１６年６月～２０１７年５月）は、受け入れ企業36社、インターン学生数40、授業等の連携大学数は30となっている。そして体験者の多くは大手企業だけではなく中小企業への就職も視野に入れるようになり、複数の内定を得ながらも最終的に中小企業に就職する若者も多い。また受け入れ企業のなかには、安定的に大卒人材を確保し、新規事業に取り組み業績を伸ばしている企業も出てきている。(注41)

４．今後の課題

これまで当法人は、経営者の右腕候補（中核人材）となる新卒の採用・育成に焦点を当てた事業に力を入れてきた。その重要性は変わらな

（図表１－12）長期実践型インターンシップ事業の構造

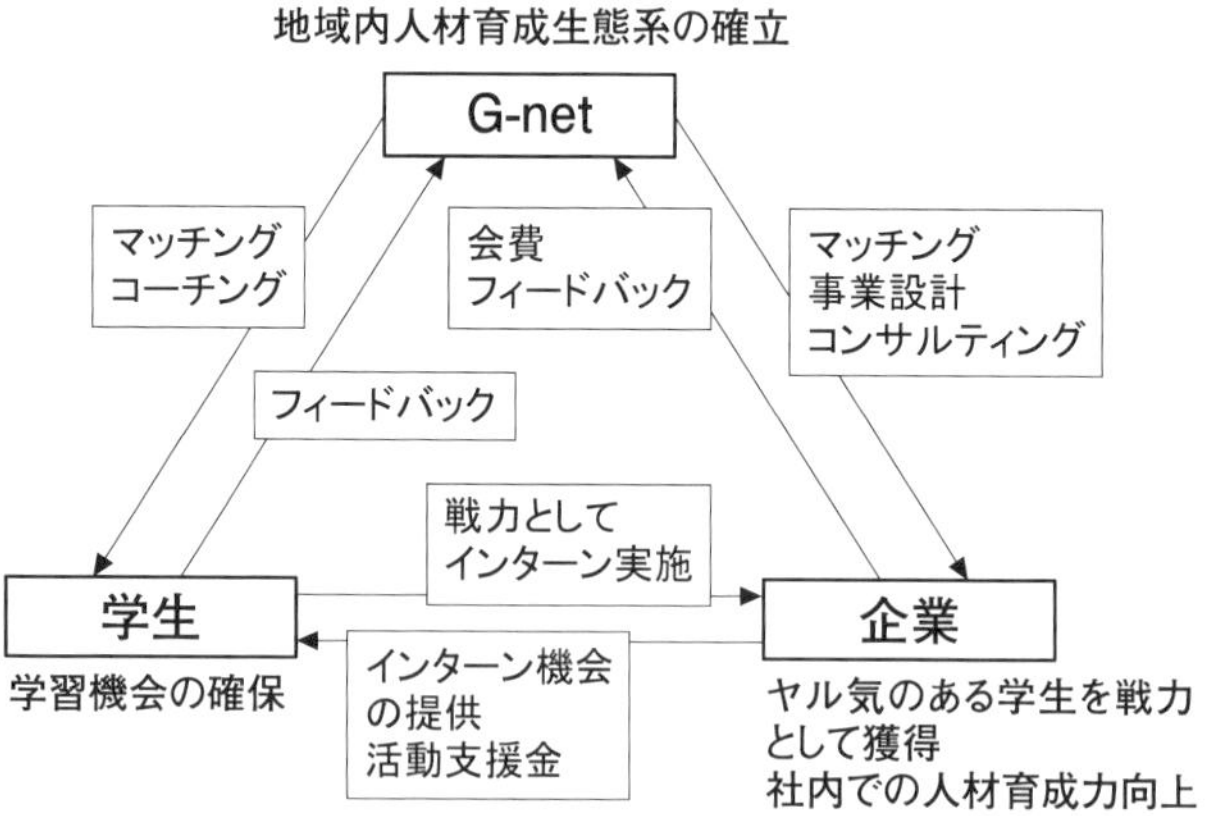

(資料）インタビューに基づき筆者作成

いと考えている。ただ、今後は中途採用による右腕人材確保・定着支援の強化にも取り組んで行く意向である。すでに中途採用求人サイト「日本仕事百貨」との連携により、中小企業の中途人材採用に関してもサポートできる体制を整えている。また、若手社会人と、地域で挑戦する中小企業が「触れる」機会を提供するために毎月「しごとバー」などの交流の場を設けている。さらに岐阜県関市と連携し、「地域・人材共創機構事業」を実施している。こうした取り組みを継続することで、地域企業の幹部候補人材不足・経営革新の担い手不足という問題を解決し、当該企業の経営革新につなげていきたいと考えている。

5．その他

当法人は、2016年度の長期実践型インターンシップ事業の事業価値を、社会的投資収益率（Social Return On Investment）[注42]というフレームワークを用いて推計している。結果は、「直接的な効果」が5・03倍、「間接的な効果」（「直接的な効果」に「社会への成果」[注43]を加えたもの）は6・52倍となった。貨幣化、数値化においては代理指標による推計が含まれるものの、同事業の生み出す効果が大きいことが定量的に確認できる（取材日：2017年10月13日）。

事例f　NPO法人プラットフォームあおもり　～地域課題を解決するプラットホームを構築～

設　立	2011年　経常収益　70百万円　所在地　青森県青森市、八戸市
会員数	30　職員数　22名（うち常勤16名）
主な目的	継続的な雇用を実現するための企業経営支援、人材を育成し定着させるナレッジの共有、働く人の自立を支えるキャリア支援、これらを一元的・継続的に行うためのプラットフォームを構築する
主な事業	人口減少対策、企業の人材確保・定着・戦力化支援、企業経営支援
運営方針	地域の課題を解決するために行動し、青森県の社会インフラとなる
特記事項	行政および地域金融機関からの受託事業が8割以上を占める オール青森で地域の課題解決に取り組む

1．創業の経緯

現理事長は青森市内の出身。東京の大学を卒業後大手総合スーパーで勤務し、人事制度やシステム管理などの業務を5年間担当した。その後1995年に地元に戻り、県産品の卸売会社を起業し、販路開拓の経験を積んだ。2006年からは3年にわたり「ジョブカフェあおもり」(注44)で、若者と企業とのネットワークを構築する事業を担当し、翌年からは県内の大学・高校・中学校などのキャリア教育プログラムを支援している。また、地域の信用金庫が主催する研修会では、新商品開発・販路開拓・人材育成・産学連携・企業助成金活用などを指導した。さらに青森県地域協働就職支援センターのコーディネーターとして就職困難者とその受け皿となる県内全域の企業支援を担当した。

こうした経験を通じて理事長は関係者と人的なネットワークを構築していく。その一方で、雇用関連政策については様々な制約があり、継続性・一体性・費用対効果には課題があると考えるようになった。そこで、地域の課題を解決するためのプラットフォームの構築を目指して、２０１１年に志をともにする仲間とともにＮＰＯ法人を設立した。

2.人材育成に向けた取り組み―地域人材育成コンソーシアム

当法人には３つの事業部があり、人口減少、若者の就職難、地域企業の人材確保難などの地域課題の解決を図るために様々な事業を展開している。なかでも人材育成支援については設立当初より継続的に取り組んでいるが、ここでは中小企業を対象とした研修事業である「地域企業人材共同育成事業」と「中小企業経営力強化研修会」を紹介する。

【地域企業人材共同育成事業】

当該事業は、「地域人材育成コーディネーター」を中心とした地域の複数の中小企業等による「地域人材育成コンソーシアム」の組成を支援し、地域の企業間での出向等による人材育成等の実証を行うものである。（注45）その狙いは、地域の中小企業者の若手社員や中堅社員向けに、他企業での出向・ＯＪＴ研修や共同研修の実施により、多様な経験を積む人材を共同で育成していくことにある。個々の中小企業同士でこうした研修を実施しようとすると、契約関係等の機微な問題の調整が困難であり、非効率であることから、共同で実施するメリットは大きい。

２０１４年度に当法人が実施した事業の概要についてみると、(注46)異業種の連携により、出向研修・ＯＪＴ研修・OFF-JT研修のＰＤＣＡサイクルを構築し、運用するというスキームとなっている。具体的には、当法人が「地域人材育成コーディネーター」となり、行政（青森県、青森市）、地域金融機関（青い森信用金庫、東奥信用金庫）の支援・協力を得て、県内中小企業の経営者、若手社員、中堅社員を対象とした研修を実施した。(注47)当法人は、コンソーシアムの運営、研修の企画、目標設定、出向者の派遣先・受け入れ先との調整等を

（図表１－13）2014年度「地域企業人材共同育成事業」の研修内容

出向	クラウドサービス開発会社へIT人材サービス企業の企画部門より、若手人材を3週間出向させ、プログラム開発の研修を行う
	人材サービス会社の若手人材を地元の鉄道会社へ出向させ、総務業務の研修を行う
OFF-JT	参加企業の若手人材等に、商談・プレゼンテーションを成功させるための知識習得や、商談会の準備・反復演習の機会を与えることを目的とし、若手人材・企業経営者・信用金庫職員等向けの研修会を開催（青森、弘前、八戸の県内3会場で各5回、計15回実施）
OJT	OFF-JT研修で学んだことを実践する場として実際の商談会を設定し、商談実習や販売実習を実施する。また、県内・県外の商談会に出展し、信用金庫職員やOFF-JTの講師も同行し、商談会中も研修生に対しての伴走支援を行う

（資料）インタビューに基づき筆者作成

担当した。研修の概要は図表1－13の通りである。

出向研修については、出向元の企業は働き手が減少し、受け入れ先企業は出向者教育にマンパワーが割かれる。しかし、研修参加者は他社の業務を経験することで視野が広がる。そして、普段気が付かなかった自分自身や自社の課題を発見するなどの効果がみられ、出向元に帰任後に活躍することが期待される。また、受け入れ先企業にとっても、人材育成のノウハウ習得や、自社内の社員とは異なる新たな発想に触れることができる等のメリットがある。

また、OFF-JT研修については、一社のみでは取り組みが困難であるが、複数の企業が集まることで規模の不利益を解消することができ、企画・実施が可能となる。商談実習や販売実習などの一部のＯＪＴ研修についても同様である。そして、同じ場所で同じ時間を過ごすことで、企業の枠を超えた研修生間の横のネットワークが形成され、地域企業間で情報やアイデアの共有化が進む。その結果、削り節製造業者と精米加工業者の連携により、「粒のそろった削り節」という新商品が開発されるなどの成果を挙げた。(注48)

【中小企業経営力強化研修会】

当該研修会は、上記事業のOFF-JT研修とＯＪＴ研修の後継研修である。当法人は地域の信用金庫と連携を図りながら、毎年実施している。研修内容やカリキュラムについては毎年見直しを行っており、２０１７年度については、主題を「売れる商品の核心」、副題を「社員の能力、意欲向上が社運を決める！」として、具体的な人材育成・活用事例を紹介することを目的に取り組んでいる。研修会は青森市、弘前市、八戸市の県内3会場で各5回、計15回開催し、信用金庫の取引先や融資担当者など毎回70人程度が参加している。内容については座学だけではなく、プレゼンテーションや模擬商談会などのＯＪＴを取り入れている。(注49) また、トークセッションなどにより双方向のコミュニケーションを確保できるよう留意している。なお、毎回最後に開催される情報交換会は、研修生間のネットワーク構築につながっている。

3. 今後の課題・ビジョン

青森県では、２０１５年度から産官学による「オール青森」ネットワークを形成し、(注50)「地域創生人材」の育成と、学生の青森県内への就職や起業支援、雇用創出に一丸となって取り組んでいる。(注51) 当法人もメンバーの一員として、当該事業の目標である「２０１９年度までに、学生の青森県内への就職率を２０１４年度対比10％向上（38・１％→48・１％）」の達成に貢献できるよう「地域同期プログラム」(注52) など7つの事業の自走を目指している。

中小企業の成長の両輪は、利益を生み出す競争力と人材育成力であり、競争力のない企業に人材を惹きつける魅力はない。予算やマンパワーは限られているが、当法人は今後さらに関係者、関係団体との連携を強化し、中小企業の経営支援に注力する意向である（取材日：２０１７年12月20日）。

(2) ケーススタディからみた人材教育

以上みてきた6つの連携組織は、生い立ち、類型、地域の社会・経済の状況、業種構成等メンバーの属性などそれぞれ相違しており、取り組み内容も様々である。ここでは各組織が実施する事業を、「目的」「取り組みに向けた考え方」「意義」、以上の３つの観点から整理・比較する（**図表1‐14**）。

まず事業の内容についてみると、**事例a**、**c**、**e**は所謂ＯＪＴで、現場で「暗黙知」を体得することに力点が置かれている。一方、**事例b**と**f**はＯＦＦ－ＪＴが中心で、「形式知」の習得が中心の研修であるが、プレゼンテーションやディスカッション等仕事の現場で必要となるコミュニケーション能力の養成にも力を入れている。その理由は中小企業の場合は、従業員の守備範囲が広く、多様な知識や能力が求められるからである。なお**事例d**についてはＯＪＴが中心であるが、「儲かる農業」を経営していくために必要な知識を身に付けるためのＯＦＦ－ＪＴにも力を入れている。

目的についてみると、**事例a**は業界共通のコア技能の習得とそのレベルアップ、**事例b**は組合員企業の「中核人材」の育成、**事例c**は伝統工芸の技能伝承、組合員の事業継続支援等を目的としている。これらは連携組織のメンバーの経営を支える取り組みといえる。一方**事例d**は地域の農業の担い手育成を目的としている。また、**事例e**は、若者と地域の中小企業による人材育成の生態系（エコシステム）を、**事例f**は人材育成を含めた地域課題の解決を図るためのプラットフォーム構築を目的としている。これらは地域経済を支える取り組みといえる。

連携・組織活動による人材教育事業への取り組みの考え方についてみると、**事例**a、b、cはいずれも組織化により、各社が個別に教育訓練事業を実施することによる規模の不利益を回避する（規模の利益を実現する）取り組みといえる。一方**事例**dは、組合が多様な組合員の連携力を活かしながら、経営資源を相互に補完し、人材教育の成果を高める取り組みといえる。また、**事例**eとfは、NPO法人が地域内の関係者と協働し、利害を調整しつつ人材教育事業をコーディネートしている。なお、人材確保に力を入れている**事例**cとdについては、同時に販売増加に向けた支援が重要になってくると認識している。

最後に事業の意義についてみると、**事例**aは、業界の技術・技能の維持・強化、若年技能者の養成を通じて、わが国のものづくりDNAの承継に資する取り組みといえる。**事例**bは、組合員の経営幹部を育成することを通じて、その経営力を強化する。**事例**cは、伝統工芸産業の技能を伝承することで産地の機能を維持するとともに、地域の文化・伝統を守る。また、**事例**d、e、fは地域のネットワークを活かして、地域の課題を解決し、地域活性化に貢献するものである。

このように規模の利益の実現や経営資源の補完による教育効果が見込める場合は、連携・組織活動により人材教育事業に取り組む意義は大きい。特に、**事例**aのように多くのメンバーが必要とする技術や技能が共通である場合はその効果は大きい。また、企業の枠を超えてともに学ぶことにより人的なネットワークが形成される。こうしたネットワークは仲間意識を生み出し、離職

(図表1－14) ケーススタディの概要

事例	類型	事業内容	目的	考え方	意義
a	一般社団法人（同業種）	認定職業訓練 溶接技能研修 新人社員研修	技術向上のための人材教育・訓練	一般社団法人が主体となり会員企業にとっての基幹技術・技能となる研修を実施	県内業界の技能の維持・強化 若年技能者の養成
b	協同組合（異業種）	「中核人材」育成を目的としたビジネススクール事業	組合員企業の「中核人材」育成	組合が運営主体となり体系的な「ジェネラリスト教育」を実施	組合員の経営力強化
c	協同組合（同業種）	産学官連携によるインターンシップ事業	人材確保 伝統工芸技能（暗黙知）の承継 事業承継	組合が研修生の受け入れ窓口となり体制の整備を図るとともに関係者間の調整を行う	地域文化・伝統を守る 産地機能の維持
d	協同組合（同業種）	就農希望者の育成支援	地域農業の担い手育成	多様な組合員の連携力を活かしながら、経営資源を相互に補完し、教育の成果を高める	地域農業の活性化 雇用の確保
e	NPO法人	長期実践型インターンシップ事業	人材育成の生態系を地域内に構築し、地域の問題を解決するために行動する人材を育成	仕事の現場に興味のある学生と地域の中小企業をコーディネート	地域活性化
f	NPO法人	産官金連携による研修会、情報交換会	人材確保・定着・戦力化	行政、地域企業、地域金融機関と連携し、県内企業の経営者、社員を対象とした研修会・情報交換会を継続実施	地域の課題解決

（資料）インタビューに基づき筆者作成

の抑止力となり、人材の定着化にもつながる。さらに各人の視野を拡げ、人的資源の活性化に寄与するとみられる。

なおNPO法人のネットワークやコーディネートスキルを活用した地域協働型の人材育成モデルについては、今後中小企業の活用の余地が大きいとみられる。

❹ 連携・組織活動による人材教育の利点

中小企業にとって労働生産性の向上は今や最優先課題であり、教育訓練により人的資源の「質」を高めていくことが重要である。また、競争力の源泉となる技術やノウハウを断絶させることなく円滑に承継していくためにも、長期的・継続的な視点に立った戦略的な人材育成が求められる。しかしながら、中小企業は経営資源が十分ではないこともあり、人材教育への取り組みは十分とはいえない状況にある。こうした課題を克服するために人材教育事業に取り組む連携組織の事例についてみてきた。

組織化は、中小企業が単独では成し得ない事業展開や経営改善を進めていくための有力な手段の1つである。人材教育についても例外ではなく、中小企業組合の共同事業のなかで大きなウエイトを占めており、その重要性は一段と高まってきている。実際の連携組織の取り組みについてはケーススタディの通り多種多様であるが、規模の利益の実現、経営資源の相互補完等組織化によるメリットを享受している。また、NPO法人によるユニークな試みは今後の新たな可能性を感じさせる。

中小企業のビジネスモデルは多様であり、コアとなる強みを維持・強化していくためには各社がOJTによる地道な人材教育に取り組む必要がある。一方では、企業を取り巻く環境の変化に適応していくために常に新しい知識等を習得していく必要があり、OFF－JTの重要性が高まってきている。中小企業が連携・組織化のネットワークを活かすことで、こうした共通性が高い教育訓練に積極的に取り組むことの利点は大きい。

【注】

（1）中村泰治・開発宗平・八木智之（2017）「生産性の向上と経済成長」日本銀行ワーキングペーパーシリーズ2017年10月p.1,21

（2）厚生労働省（2016）「平成28年版労働経済の分析」p.76~78。なお、無形資産は、情報化資産（ソフトウエア、データベース等）、革新的資産（研究開発、著作権、デザイン等）、経済的競争能力（人的資本形成、組織形成・改革等）の3つに分類される

（3）同書p.111、p.234~235

（4）同書p.189~190

（5）野中郁次郎・紺野登（1999）『知識経営のすすめ』p.110~111

（6）同調査の定義によれば、OJTは日常の業務に就きながら行われる教育訓練で、OFF－JTは業務命令に基づき日常の仕事を一時的に離れて行う教育訓練

（7）正社員は雇用期間の定めのない者で、企業または事業所で定められている1週間の所定労働時間で働いている者。正社員以外は、「嘱託」「契約社員」「パートタイム労働者」などの名称で呼ばれている者で、派遣労働者と請負労働者は含まない

（8）『平成27年度中小企業制度研究会報告書』及び同報告書【資料編】（平成28年3月）と『平成28年度中小企業制度研究会報告書』（平成29年3月）。

（9）商工組合（同連合会）の人材教育に関する項目（選択肢）については、平成27年度の報告書では「資格事業に関する指導・教育」としていたが、平成28年度の報告書は「従業員の教育・訓練」となっている。本稿では後者に統一した

（10）同書p.243

（11）事例の内容については、原則として取材時点の情報に基づき記載している

（12）会員企業の中には、個社で研修計画を立案し計画的な人材育成に取り組んでいる先もあるが、多くの会員

は協会の人材教育・訓練事業に依存している状況にある
(13) S、H、M、R、Jの5つのグレードに区分されており、Sについては高さ及び使用鋼材についての制限はない（一般社団法人鉄骨建設協会HP）
(14) 管理体制と必要な資格について5年毎に審査がある
(15) 受験申請を行う条件として、各非破壊試験の方法毎に訓練時間が設定されている。例えば超音波探傷試験のレベル1は40時間の訓練証明書が必要となる。認定職業訓練では受験申請に必要な訓練時間を念頭に置いたカリキュラムが組まれている
(16) ガス溶接技能講習は、労働安全衛生法に基づく技能講習・実技講習で、受講しなければ可燃ガスを利用した作業ができない。アーク溶接特別教育講習は同法に基づく特別教育で、受講しなければ電気溶接ができない
(17) 当協会は、日本溶接協会の指定機関として溶接技能者JIS資格取得・更新のための実技試験を実施
(18) 高齢・障害・求職者雇用支援機構の運営する山梨県の職業能力開発促進センター
(19) 異業種組合であることから、組合は営業、経理などの「職能別」スキルや、組合員各社の業務に特有のスキルは、個社のOJTで身に付けたほうが望ましいと考えている
(20) 組合の専務理事は中小企業専門金融機関出身者で、金融実務の経験豊富
(21) 受講生の派遣企業のなかには、当該講座の卒業を昇格の条件としている企業もある。また、受講生が役員に登用された実績もある
(22)「伝統的工芸品」は、「伝統的工芸品産業の振興に関する法律」に基づく経済産業大臣の指定を受けた工芸品で、2017年11月現在全国で230品目が指定されている
(23) 一般財団法人伝統的工芸品産業振興協会では、「伝統的工芸品」の製造技術者のなかで、高度の技術・技法を保持する者を「伝統工芸士」として認定している
(24) 技術者を招聘して職種ごとの徒弟養成所を経営した時代や統制組合に改組した時代もあった

(25)「全国漆器展」において当組合は2000年以降18年間で16回の団体賞（桂宮賞、内閣総理大臣賞、日本経済新聞賞）を受賞しており、その実績は他の組合を圧倒している
(26)従前より当産地では、木製漆塗椀の食器での食器洗浄器・食器乾燥機対応型漆器の開発など、時流に合わせたものづくりを進めている
(27)2017年7月に同校は鯖江商工会議所、鯖江市と相互連携協定を締結
(28)2005年以降鯖江市は、各種学校法人等と相互連携協定を提携している（一部は鯖江商工会議所も参画）。また、組合は、一流の講師を招聘した研修等を実施している
(29)技能実習制度の受入方式は、「団体監理型」と「企業単独型」の2つに大別される。前者は事業協同組合や商工会議所等が技能実習生を受け入れ、そのメンバーである企業等で技能研修を実施する
(30)なお組合業務とは別に各組合員も個別に就農希望者を募集している
(31)長期研修生は、集合研修期間中は受け入れ先の実習から解放され一堂に会する。なお、簿記講習は定期的に開催しており研修生からの評価は高い
(32)例えば野菜農家だと年間販売額30百万円以上を確保しないと後継者は育たないとみている。加工業、流通業については経費の負担が大きいことから、目標売上高をさらに高く設定する必要がある
(33)香川県「農業次世代人材投資資金」、ＪＡ香川県「農業インターン生募集事業」など
(34)2014年度の実績から算出。なお、香川県の農家一戸当たりの耕地面積は0．9haで、全国平均（2．1ha）の半分以下に止まっている（香川県農政水産部「統計で見る香川の農業・水産業」平成29年度版p．2）
(35)農地等（農地又は採草放牧地）を売買、賃貸借等をする場合には、農地法第3条により農業委員会の許可を受ける必要がある
(36)当法人が2013年と2014年に発行した『就職白書』によれば、学生の約9割が大手就職情報サイト「リクナビ」、「マイナビ」を活用している。一方、同サイトを活用している県内企業は全体の0．2％に過

ぎない。また、新卒学生との接点となる合同説明会に参加したことがないという中小企業が多い。このように中小企業と学生の接点はほとんどない
(37) NPO法人ETIC.（東京都渋谷区）が1997年から取り組んでいる長期のインターンシップを地域において展開するプロジェクト
(38) 実習時間は、長期（春季、夏季）休暇中の2カ月は週5日（40時間）、学期中は週3回（24時間）程度を目安としており、期間6カ月の場合の総実習時間は約700時間となる
(39)「監督者」「指導者」「相談担当者」など実習を支援する体制を社内で事前に整える
(40) 東海圏（愛知県、岐阜県、三重県）の大学生の参加が全体の82％を占めているが、東海圏外や海外の学生の参加実績もある
(41) 2008年から事業に参画し、売上高が3倍に伸長した木製枡メーカーの成功事例もあり、地域中小企業の関心が高まっている
(42) 非営利法人組織や社会的企業が行う社会活動に対して、財務評価のみでは測れない「活動の社会的価値」を算出する計量的評価方法で、具体的には総便益を総費用で除した値（倍率）で算出
(43) インターンシップ生が卒業後に社会で活躍することによって得られる将来的な経済効果
(44) 都道府県は、若者の能力向上及び就業促進を図るため、就職支援サービスを1か所でまとめて受けられるワンストップサービスセンター「ジョブカフェ」を設置している
(45) 経済産業省HP参照
(46) 当法人は、2013、2014年度の補正予算「地域企業人材共同育成事業」の委託先に応募し、採択事業者となっている
(47) 研修対象企業は中小企業を中心とする県内企業約60社
(48) 精米加工業者が有する加工技術を活用することで、削り節の粒の大小を揃えることが可能となり、一般消費者向けの商品開発に結び付いた

(49) 商品プレゼンは各回3社が参加、模擬展示会については展示ブースの前で事業者がプレゼンし、バイヤー等が具体的に良い点、改善点をアドバイスする

(50) 県内の大学・高等専門学校10校と、青森県、青森市、弘前市、八戸市、むつ市、100を超える県内企業・団体・NPO法人等がネットワークを形成

(51) 2015年度の「文部科学省　地（知）の拠点大学による地方創生推進事業（COC＋事業）」に採択された「オール青森で取り組む『地域創生人材』育成・定着事業」…弘前大学COC＋事業HP参照

(52) 人材定着化、戦力化を目的とした事業。中小企業は社内同期がいない場合が多い。そこで地域の中に同期の輪を構築することで、早期退職の防止や切磋琢磨の場づくりにつなげる

第2章 ＩＴ活用による生産性向上

近年発展・普及が著しいＩＴの活用は、深刻化する人手不足に対処するための有力な手段として注目されている。特に、中小企業は大企業に比較して生産性が低いことを考慮すると、さらに生産性を高めて高付加価値経営を実現するためにも、ＩＴの活用に積極的に取り組む必要がある。

本章では、初めにＩＴと第４次産業革命との関わりや、ＩｏＴやビッグデータなどの注目される分野の動向を概観した後、経済産業省「情報処理実態調査」等のアンケート調査からＩＴ戦略やＩＴ人材の育成など中小企業におけるＩＴ活用の現状と課題を明らかにする。次に、売上や付加価値拡大を目指す「攻めのＩＴ」による生産性向上、クラウドサービスなどの各種のＩＴツールの活用による生産性向上について述べる。最後に、情報セキュリティに関してトラブル発生状況やセキュリティ対策について解説した上で、情報セキュリティ対策の阻害要因となっているノウハウ不足・専門家不足に対応するため外部サービスの利用の必要性に言及する。

❶ ＩＴの急速な発展

（１）ＩＴの発展と第４次産業革命

近年のＩＴの発展は著しく、ＩＴ革命、あるいは最近では第４次産業革命ともいわれるようになってきた。この「第４次産業革命」という言葉は、経済産業省の産業構造審議会・新産業構造部会が２０１６年４月に公表した「新産業構造ビジョン」中間整理の中で用いられている。「第４次」とは、「第１次」産業革命（蒸気機関の発明で動力を獲得）、「第２次」産業革命（電力・モーターによる動力の革新）、「第３次」産業革命（コンピュータによる自動化）に次ぐ次世代の産業革命を指す言葉である。この中間整理では、新しい技術として、ＩｏＴ、ビッグデータ、人工知能（ＡＩ）、ロボットの４項目を挙げ、実現不可能と思われていた社会の実現がこれらにより可能となることで、産業構造や就業構造が劇的に変わる可能性が出てきているとした。

（２）ＩＴで注目される分野

今後ＩＴで注目される分野としては、ＩｏＴ、ビッグデータ、ＡＩなどがある。これらについて、総務省「情報通信白書」２０１６年版では、様々なデータを収集し（ＩｏＴ）、蓄積し（ビッグデータ）、人工知能（ＡＩ）で処理・分析することで、現状把握、予測、機器・サービスの制御を行い、新たな価値の創造や課題解決に貢献することが期待されるとしている。各分野の概要は以下の通りである。

①ＩoＴ

「ＩoＴ」は「Internet of Things」の略で、同白書によれば、モノ、ヒト、サービス、情報などがネットワークを通じて大規模に連動することで新たな価値が生まれるが、このうち、主として「モノ」に着目した部分を指す言葉である。あらゆる「モノ」がインターネットに接続することで、そこから得られるデータの収集・分析等の処理・活用が実現する。そして様々な分野で効率が向上するとともに、データの分析を通じて新たな価値が生まれる。消費者の側から見れば、身の回りで毎日使用する「モノ」の情報処理が「ＩoＴ」に代替され、高度で付加価値の高い機能の提供が実現する。これが「ＩoＴ」である。

②ビッグデータ

「ビッグデータ」は、同白書によれば２０１１年、米マッキンゼーの報告などで注目を浴びたとされる。２０１２年には米国の科学技術政策局（ＯＳＴＰ）が「ビッグデータ研究・発展イニシアティブ」を発表したことで認知度がさらに拡大した。この計画は、大量のデータ収集・蓄積・保存・管理・分析と、共有のための技術革新を促進し、発見の加速、安全保障の強化、教育の革新に活用しようという試みである。データ複製コストはほぼゼロで、データの減耗・枯渇がないという特色があり、データの蓄積・活用が競争力につながり経済発展にも貢献する。今後は、ＩoＴの進展とともにネットワークを通じてビッグデータが相互に接続し分析されることで、社会システムが大きく変貌し、新規ビジネスの誕生、科学的知見の発見、諸リスクの軽減・回避などにつながっていくことが期待されている。

③人工知能（AI）

「AI」は「Artificial Intelligence」の略で、これまで2回のブームがあった。第1次は1950年代後半〜1960年代、第2次は1980年代〜90年代で、現在は第3次ブームの段階である。「AI」は、人が教えた処理を実行するだけの狭義の機械学習の段階から、機械が自動的にデータからその特徴を抽出するディープラーニングの段階に進んできた。当初、チェス・将棋などの人間が行うゲームを対象に脚光を浴びたが、近年ではビッグデータを活用することにより「AI」の適用領域が拡大してきている。またクラウドサービスの拡大なども「AI」の普及を加速させている。

❷ 中小企業のIT活用の現状と課題

上記のように現在のITは、コンピュータによる単なる自動化ではない、全く新しいステージに移ったともいえる状況にある。こうした状況下、中小企業は実際にどこまでITを活用しているのだろうか。中小企業のIT活用の現状や課題等について、経済産業省「情報処理実態調査」を中心にみていくこととしたい(注1)。

(1) ＩＴ戦略を持っているか

中小企業においては、ＩＴ戦略はまだ策定途上にあるものの、ＩＴ活用の重要性は十分認識しており、強化する方向にある。ＩＴで注目される分野はＩｏＴ、ビッグデータ、ＡＩなど多岐にわたる。自社に合ったＩＴを導入・活用していくためにも、中小企業には的確なＩＴ戦略の構築が求められる。なお、ＩＴ活用の段階（ＩＴステージ）が進んでいる企業ほど労働生産性が高まる可能性が指摘されている。

①ＩＴ戦略の策定状況

まず経営戦略におけるＩＴ戦略の状況についてみると、(注2)「ＩＴ戦略の策定状況」は、「ＩＴ戦略を策定している」企業の割合は39・7％で、「策定していない」企業の割合は60・3％であった（**図表２‐１①**）。製造・非製造別にみると、製造業で「策定している」企業は50・5％で、非製造業（同36・1％）よりもＩＴ戦略を重視している様子が窺われる。

次に資本金規模別に見ると、中小企業は「策定している」企業が21・5％、一方大企業は58・6％であり、大企業では過半数が策定しているのに対し、中小企業では2割程度にとどまっている。また中小企業では製造業と非製造業との差はなく、ＩＴ戦略を重視しているのは大企業製造業である。企業規模とＩＴ戦略の策定状況には一定の相関関係がみられ、中小企業においてはそもそもＩＴ戦略が不足しているといえる。

（図表２－１）IT戦略の状況（2015年度）

①IT戦略の策定・公表状況

資本金規模	IT戦略の策定状況		IT戦略の公表状況	
	策定している	策定していない	公表している	策定していない
全体	39.7%	60.3%	8.0%	92.0%
1億円以下	21.5%	78.5%	6.7%	93.3%
1億円超	58.6%	41.4%	8.5%	91.5%

②IT活用の位置付け

資本金規模	IT活用の位置付け			
	非常に重要な解決手段である	ある程度重要な解決手段である	それほど重要な解決手段ではない	まったく重要な解決手段ではない
全体	36.2%	50.8%	11.1%	1.9%
1億円以下	27.6%	54.9%	15.1%	2.4%
1億円超	45.1%	46.9%	6.9%	1.0%

③IT活用の強化の意向

資本金規模	IT活用の強化の意向			
	大幅に強化したい	ある程度強化したい	それほど強化するつもりはない	まだわからない
全体	19.9%	62.7%	11.0%	6.4%
1億円以下	12.6%	63.6%	15.2%	8.6%
1億円超	27.3%	62.4%	6.6%	3.7%

（資料）経済産業省「情報処理実態調査」
（注）全体には、資本金不明を含む

次に、「ＩＴ戦略の公表状況」についてみると、公表しているのは全体で８・０％、うち中小企業６・７％、大企業８・５％となっており、大企業がやや高いもののあまり差はなく、総じて公表には消極的である。

「ＩＴ活用の位置付け」（ＩＴが重要な解決手段であるかどうか）をみると、全体では「非常に重要」（36・２％）、「ある程度重要」（50・８％）を合わせて87・０％が重要であるとし、「それほど重要ではない」（11・１％）、「まったく重要ではない」（１・９％）を大きく上回っている（**図表２－１②**）。規模別には、中小企業の82・５％、大企業の92・０％が重要であるとしており、大企業がやや高いものの、中小企業においてもＩＴ活用が重要な解決手段であることを認識していることがわかる。また、「ＩＴ活用の強化の方向」についても、「大幅に強化したい」（19・９％）、「ある程度強化したい」（62・７％）企業はあわせて82・６％となっており、うち中小企業は76・２％、大企業は89・７％であった（**図表２－１③**）。

こうしてみると、中小企業においては、ＩＴ戦略はまだ策定途上にあるものの、ＩＴ活用の重要性は十分認識しており、強化する方向にあることがわかる。ＩＴで注目される分野はＩｏＴ、ビッグデータ、ＡＩなど多岐にわたる。自社に合ったＩＴを導入・活用していくためにも、中小企業には的確なＩＴ戦略の構築が求められる。

②機能別のＩＴ活用度

では実際に、企業経営においてＩＴの活用はどの程度まで進んできているのか。同調査では経営におけるＩＴの機能を６つに分け、また各機能に対する企業の状況を４つのステージに分けて調査している（２０１２、13年度のみ）。ステージが１から４に進むにつれ、ＩＴの活用が進展していることを示す。６つの機能は、「ＩＴの浸透度」、「標準化された安定的なＩＴ基盤の構築」、「ＩＴの活用による新ビジネスモデルの創出、ビジネス領域の拡大」、「ＩＴマネジメント体制の確立」、「ＩＴ投資評価の仕組みと実践」、「ＩＴ活用に関する人材の育成」である。機能別に２０１３年度のＩＴ活用の状況をみると以下の通りである。なお２０１２年度も各項目ともに同様の傾向である。

「ＩＴの浸透度」は、ステージ３が44・４％、ステージ２が28・５％であり、概ねステージ３までは進行している企業が最も多かった。規模別にみると、中小企業はステージ３が38・４％、ステージ２が32・９％なのに対し、大企業ではステージ３が52・５％、ステージ２が21・７％であり、大企業が先行している。

「標準化された安定的なＩＴ基盤の構築」も概ねステージ３まで進行している企業が多く、また規模別の傾向も大企業が先行している。

「ＩＴの活用による新ビジネスモデルの創出、ビジネス領域の拡大」は、ステージ１が42・７％、ステージ２が34・４％となっており、上記２項目と比べて活用の遅れが目立っている。ステージ４まで到達している企業は３・５％に過ぎない。規模別にみると、ステージ１は中小企業が50・８％、大企業が32・７％となっており、やはり中小企業での取組みの遅れが目立つ。同調査では、この状況について、いわば「攻めのＩＴ経営」に十分取り組めていないと指摘している。

「ＩＴマネジメント体制の確立」は、ステージ１が36・９％、ステージ２が38・５％であった。ステージ１はＩＴ戦略を策定していない段階、ステージ２は経営層がＩＴ戦略の立案に関与する程度にとどまっている段階であり、総じてみれば経営者によるＩＴマネジメントがまだ十分に機能していない段階にあるものと思われる。規模別にみると、中小企業はステージ１が46・３％、ステージ２が37・６％、ステージ３が13・４％で、これに対し大企業はステージ１が24・３％、ステージ２が39・８％で、ステージ３は26・０％と２割を超えており、大企業ではＩＴマネジメントが機能しつつあることが推測される。

「ＩＴ投資評価の仕組みと実践」は、ステージ２が55・８％、ステージ３が24・２％で、過半数がステージ２の段階であった。ステージ２はＩＴ投資の効果予測は投資前に行うが投資後の評価は行っていない段階であり、多くの企業がいまだに投資を評価する仕組みを確立していない状況にある。規模別にみると、ステージ２は中小企業が56・０％、大企業が55・７％とあまり差がないものの、ステージ１は中小企業25・５％、大企業８・０％で、一方ステージ３は中小企業17・５％、大企業32・９％となっており、やはりここでも規模間格差が目立つ。

「ＩＴ活用に関する人材の育成」は、ステージ１が47・６％、ステージ２が32・４％となっている（**図表２‐２①**）。ステージ１は特段行っていない段階、ステージ２はＩＴ部門向けにとどまっている段階であり、ＩＴ人材の育成は総じて遅れている。特に中小企業ではステージ１が60・

5％もあり、大企業（30・6％）に比べ人材育成面では大きく後れを取っている様子が窺われる。

以上から、「ITの浸透度」、「標準化された安定的なIT基盤の構築」については概ねステージ3まで進んでいるのに対し、「ITの活用による新ビジネスモデルの創出、ビジネス領域の拡大」、「ITマネジメント体制の確立」、「IT投資評価の仕組みと実践」、「IT活用に関する人材の育成」については、そこまで進んでおらず遅れが目立つ結果となった。IT基盤の構築は

（図表２－２）経営におけるIT活用指標（2013年度）

①IT活用に関する人材の育成

資本金規模	経営におけるIT活用指標に基づくステージ			
	ステージ1	ステージ2	ステージ3	ステージ4
	社員のITスキル向上につながるような取り組みは特段行っていない	IT部門、情報部門向けにITに関する教育・研修を行っている	経営層や一般社員向けにITに関する教育・研修を行っている	企業の生産性向上、事業成果向上、ビジネス領域の拡大等に向けてデータの分析等を行うための新たな人材の育成に取り組んでいる
全体	47.6%	32.4%	18.0%	2.1%
1億円以下	60.5%	26.0%	12.0%	1.5%
1億円超	30.6%	40.6%	26.2%	2.6%

②ITステージ全体

資本金規模	ステージ1	ステージ2	ステージ3	ステージ4
全体	12.2%	56.0%	28.0%	3.8%
1億円以下	18.5%	59.6%	19.9%	1.9%
1億円超	4.4%	51.1%	38.2%	6.3%

（資料）、（注）図表２－１に同じ

進んでいるものの、組織や人材面については相対的に進んでいない様子が窺われる。また、規模別にみると、多くの項目で中小企業の遅れが目立つ結果となっている。

同調査では、こうした全体の傾向について、上記６つの機能を総合した「ＩＴステージ」を公表している。これは、経営におけるＩＴの活用が総合的にどの段階まで進んだかを示す指標である。これによれば、２０１３年度は、全体でステージ１が12・２％、ステージ２が56・０％、ステージ３が28・０％、ステージ４が３・８％であった（**図表２－２②**）。また規模別には、中小企業ではステージ１が18・５％、ステージ２が59・６％、ステージ３が19・９％、ステージ４が１・９％であるのに対し、大企業ではステージ１が４・４％、ステージ２が51・１％、ステージ３が38・２％、ステージ４が６・３％となっている。両者ともにステージ２が最も多いが、相対的にみると中小企業はステージ１が多く、大企業はステージ３が多い。中小企業は大企業と比べると、総合的なＩＴステージが２段階遅れていることになる。なお、このステージと労働生産性との関係をみると、ＩＴステージが進んでいる企業ほど、労働生産性が高まる可能性があることを同調査では示唆している。

(2) 遅れるＩＴ人材育成

ここで人材面についてやや詳しくみてみよう。情報処理（ＩＴ）要員については、中小企業は社内雇用が大半で、外部要員はほとんど活用していない。また、全体的に中小企業では大企業に比べ人材育成面で遅れており、人材育成への関心も薄い。社内のＩＴを統括するＣＩＯ（Chief Information Officer：情報システム統轄役員）についても、専任者のみならず兼任者を置く中小企業も少ない。

①ＩＴ要員と人材育成

まずＩＴ（情報処理）要員数の推移をみると、「１社平均情報処理要員数」は、２００９年度の28・２人から２０１２年度の33・５人まで緩やかな増加傾向にあったが、２０１３年度は31・７人となった。また、「情報処理要員数の対総従業者数比」をみると、この間、わずかながら上昇傾向にあり、２００９年度の２・８％から２０１２年度には３・４％に、２０１３年度には３・３％になっている。一方、情報処理要員を社内雇用者と外部要員に分けてみると、「社内雇用者」は２００９年度17・３人であったが、２０１２年度には20・２人、２０１３年度には19・９人とやや増加したのに対し、「外部要員」は２００９年度の11・０人から２０１１年度に14・２人になった後、２０１２年度13・３人、２０１３年度11・８人と減少してきた。対総従業者数比でもほぼ同じ動きを示している。

これを企業規模別にみてみると、まず中小企業の「１社平均情報処理要員数」は、２００９年度の11・６人から２０１２年度には16・７人まで増加し、２０１３年度は15・５人となっている。また、「情報処理要員数の対総従業者数比」は、２００９年度の３・３％から２０１２年度には３・７％となり、２０１３年度も同じ３・７％であった。社内雇用者と外部要員に分けてみると、「社内雇用者」は２００９年度10・２人であったが、２０１２年度には13・６人、２０１３年度には13・９人とやや増加した。これに対し「外部要員」はもともとほとんどいなかったが、２００９年度の１・４人から２０１２年度３・１人となった後、２０１３年度は１・６人と減少している。中小企業は社内雇用が大半で、外部要員はほとんど活用していないのが特徴的である。一方、大企業の「１社平均情報処理要員数」は、２００９年度の44・９人から２０１２年度には53・１人まで増加し、２０１３年度は同じく53・１人となっている。また、「情報処理要員数の対総従業者数比」は、２００９年度の１・５％から２０１２年度には１・７％となり、２０１３年度は１・６％であった。社内雇用者と外部要員に分けてみると、「社内雇用者」は２００９年度24・５人であったが、２０１２年度には27・９人と増加し、２０１３年度は27・２人であった。また「外部要員」は、２００９年度の20・４人から２０１２年度には25・２人、２０１３年度には25・９人と増加してきている。大企業においては、中小企業とは異なり、外部要員も活用してきている様子が窺われる。

なお２０１５年度は調査内容が大幅に変更され、名称も「ＩＴ要員」として調査しているが、対象（回答）企業がやや大規模な企業に偏ったこと等により２０１３年度との間に断層が生じている。単純に比較はできないが「１社平均ＩＴ要員数」は２０１３年度の31・７人から46・８人（２０１３年度比＋15・１％）になった。内訳では社内雇用者、外部要員ともに多い。また、「ＩＴ要員数の対総従業者数比」は、２０１３年度の３・３％から２・５％（同▲０・８ポイント）

となった。規模別にみると、中小企業のＩＴ要員は20・０人、大企業は３４９・８人である。社内雇用者は中小企業16・８人、大企業１７２・４人、外部要員は中小企業３・２人、大企業１７７・４人で、大企業では外部要員が目立って多くなり、社内雇用と外部要員がほぼ拮抗した状況となっている。

次にＩＴ人材育成については、調査年度により若干調査項目が変更されてきており、２０１１年度までは「ＩＴ要員または一般社員向けのＩＴに関する教育・研修の実施状況」を調査している。これによれば、ＩＴ要員向けか一般社員向けのいずれかについてＩＴに関する教育・研修を実施している企業の割合は47・３％に過ぎず、企業の半数以上が実施していない状況であった（２０１１年度）。規模別にみると、中小企業は33・８％が実施、大企業は59・１％が実施しており、その差は大きい。なおＩＴ要員向けは37・６％の企業が、一般社員向けは34・４％の企業が実施している。

２０１２年度、13年度については、「６機能」別のＩＴ活用のところで述べたとおり、全体的にＩＴ人材の育成は総じて遅れている。

２０１５年度は、ＩＴ要員の確保育成状況と教育・研修状況について調査している。まず確保育成状況については、「ＩＴ専門職としてのキャリアを前提とする新卒採用を行っている」企業が12・０％、同じく「中途採用を行っている」企業が24・２％、また「ＩＴ要員強化を目的とした計画的人事ローテーションを行っている」企業が12・７％となっており、逆に「特に行っていない」企業は60・８％にのぼっている（**図表２－３①**）。規模別には、「特に行っていない」企業が中小企業では75・６％、大企業では45・１％となっており、規模間格差は大きい。上記の２０１１年度以降の調査も含めて、傾向として中小企業は大企業に比べ人材育成面で大きく後れを取っている様子が窺われる。次に、ＩＴ要員一人あたりの教育・研修にかける受講時間をみると、受講時間が１日以内の企業が最も多く27・４％、１～３日が16・１％、３～７日が９・７％、７日超が３・５％であった（**図表２－３②**）。概ね大企業の方が長いが、「わからない」とする企業が全体で43・３％であるのに対し、中

（図表２－３）IT要員の育成状況（2015年度）

①IT要員の確保・育成状況

資本金規模	IT専門職としてのキャリアを前提とする新卒採用を行っている	IT専門職としてのキャリアを前提とする中途採用を行っている	IT要員強化を目的とした計画的人事ローテーションを行っている	その他	特に行っていない
全体	12.0%	24.2%	12.7%	5.8%	60.8%
1億円以下	6.6%	14.3%	6.2%	3.6%	75.6%
1億円超	17.9%	34.5%	19.7%	8.1%	45.1%

②IT要員の教育・研修状況

資本金規模	1日（約8時間）以内	1日（約8時間）超、3日（約24時間）以内	3日（約24時間）超、7日（約56時間）以内	7日（約56時間）超	わからない
全体	27.4%	16.1%	9.7%	3.5%	43.3%
1億円以下	24.6%	10.4%	5.7%	3.4%	56.0%
1億円超	30.5%	22.4%	13.9%	3.8%	29.4%

（資料）、（注）図表２－１に同じ

小企業では56・0％、大企業では29・4％となっており、中小企業における人材育成への関心の薄さもやや気になるところである。

こうした状況について、総務省「通信利用動向調査」ではIT教育の実施状況を調査している。これをみると、従業員のために何らかのIT教育を実施している企業の割合は2016年で29・9％であり、その推移をみるとやや減少傾向にある。(注3) 規模別には、中小企業が22・2％、大企業が50・0％で、(注4) 中小企業ではIT教育の実施企業は少なく、また減少してきている様子が窺われる。

一方、従業員の側のITリテラシーはどうだろうか。わが国では総人口が減少していく。その中で付加価値の生産に従事する就業者の減少を抑制するには、高齢者の就業継続や女性の労働市場への参加が必須である。今後、中小企業がITを活用していくには、従業員、特に高齢雇用者のITリテラシーの向上が求められよう。これについて、「通信利用動向調査」の世帯編では年齢別の調査を実施している。まず、高齢者のインターネットの利用率は年々上昇している。60代は2012年の68・0％から2016年には75・7％に、70代は同じく48・7％→53・6％に上昇した。全体では2016年で83・5％である。高齢者のインターネット利用は、20〜50代の層（90％超）よりは低いものの着実に増加してきていると思われる。また、端末別にみると、60代ではパソコンの50・0％に対し、スマートフォン31・1％、タブレット端末14・6％となっており、これも50代までの層よりは低いものの、ITツールを使いこなせる層が拡大しつつある様子が窺われる。インターネットの利用頻度も、「毎日少なくとも1回」と「毎日ではないが週に少なくとも1回」を合わせると、60代では79・6％、70代では65・6％となる（全体88・9％）。なお一方で高齢者のネットトラブルが増加してきていることが懸念されるが、政府（総務省等）も注意喚起に努めており、企業のＩＴ教育を並行して進めれば、先行き高齢雇用者のＩＴリテラシー向上は十分期待できるのではないだろうか。高齢雇用者はＩＴを使いこなせないとあきらめてしまうのは早計である。スマホアプリを開発する80代の現役プログラマーもいる。

②ＣＩＯの設置状況

社内におけるＩＴの旗振り役についてはどうだろうか。「情報処理実態調査」で社内のＩＴを統括するＣＩＯの設置状況をみると、２００６年度以降ＣＩＯの設置率は低下傾向にある。２００６年度は全体の５・０％が「ＣＩＯ専任者がいる」と回答していたが、２０１３年度には３・３％まで低下した。またＣＩＯ兼任者の設置率も、２００６年度は32・１％であったが、２０１３年度には26・２％となった。「専任者がいる」または「兼任者がいる」と回答した企業の割合は２０１３年度で29・５％である。規模別には、ＣＩＯ専任者がいる企業は中小企業１・８％、大企業５・１％、ＣＩＯ兼任者がいる企業は中小企業17・０％、大企業38・８％となっている。

中小企業においては、専任者を置く余裕がないことは理解できるが、兼任者を置く中小企業も少ない結果となっており、ＩＴの活用の旗振り役として、ＣＩＯ兼任者については、もっと多くの中小企業が設置すべきではないかと思われる。

ＣＩＯを設置しない理由をみると、「必要ない」企業が46・２％となっており、半数近くの企業が必要性を感じず、設置に消極的な姿勢が続いている（２０１３年度）。ただ、「社外のコンサルタントなどを活用しているため必要はない」企業が９・４％存在する。また「必要性を感じているが、対応できていない」企業も多く（23・７％）、経験者が少ないことなどが影響している可能性がある。

規模別にみると、中小企業は「必要はない」（49・０％）が大企業（41・７％）よりも高い（２０１３年度）。一方「必要性を感じているが、対応できていない」は中小企業が22・３％で大企業（25・６％）よりやや低い。中小企業は大企業と比べ、必要ないと考える企業が多い傾向にある。

（３）ＩＴを業務に活用しているか

ここでは、「ヒト」以外の情報（ＩＴ）資本について述べる。企業が外部資源を活用するクラウド・コンピューティングや電子商取引（ＥＣ）等、ＩＴに関連した業務についてみていくこととしたい。

①ＩＴツールの活用

情報システム構築面では、中小企業は大企業より遅れてはいるものの、構築に前向きの傾向も見受けられる。特にインターネットは、ほぼすべての中小企業が活用しており、ホームページによる情報発信も進んでいるが、「電子公告、決算公告」や「消費者の評価・意見の収集」は大企業に比べ少なく、中小企業によるホームページの活用については課題が多い。またスマートフォンやタブレット端末の業務利用も、中小企業より大企業が進んでいる。課題としてはコスト面よりもセキュリティへの不安が大きく、大企業の方が中小企業よりも課題を抱えている様子もうかがわれる。

（インターネット）

まず代表的なツールであるインターネットの活用状況であるが、「通信利用動向調査」では、インターネットを利用している企業の割合は１９９８年には63・８％であったが、２００８年には99・０％とほとんどの企業において活用される状況になった。直近の２０１６年は99・５％である。企業規模別にみると、中小企業は１９９８年の53・７％から２０１６年には99・２％に、大企業は１９９８年の79・６％から２０１６年には１００・０％となっている。

インターネットなどの情報通信ネットワーク利用上の問題点については、何らかの問題点があると回答した企業が２０１６年で84・０％、特に問題なしが12・３％となっている（**図表２‐４**）。具体的な問題点としては、「ウィルス感染に不安」（46・９％）、「運用・管理の人材が不足」（39・８％）、「運用・管理の費用が増大」（36・７％）、「セキュリティ対策の確立が困難」（35・４％）、「従業員のセキュリティ意識が低い」（31・６％）が多い。規模別にも同じ傾向にあるが、各項目ともに中小企業よりも大企業の方が多い。また「運用・管理の費用が増大」（中小企業33・４％、大企業45・４％）、「導入成果の定量的把握が困難」（中小企業９・２％、大企業17・０％）、「通信料金が高い」（中小企業６・６％、大企業13・７％）では、その差が目立っている。

（情報発信）

インターネットを活用した情報発信についてはどのような状況にあるのか。これについて、ホームページによる情報発信と、ソーシャルメディアサービスによる情報発信をみてみる。まず、ホームページによる情報発信であるが、開設している企業は過去からほぼ一貫して80％台で推移してきており、２０１６年は87・８％であった。規模別には、中小企業

（図表２－４）情報通信ネットワーク利用上の問題点（2016年）

問題点＼資本金規模	全体	1億円未満	1億円以上
セキュリティ対策の確立が困難	35.4%	33.2%	41.2%
運用・管理の費用が増大	36.7%	33.4%	45.4%
運用・管理の人材が不足	39.8%	38.0%	44.2%
障害時の復旧作業が困難	24.2%	23.0%	27.4%
著作権等知的財産の保護に不安	3.1%	2.4%	4.9%
ウイルス感染に不安	46.9%	45.9%	50.0%
導入成果を得ることが困難	9.1%	8.8%	9.3%
導入成果の定量的把握が困難	11.4%	9.2%	17.0%
認証技術の信頼性に不安	2.3%	1.9%	3.3%
電子的決済の信頼性に不安	4.1%	3.6%	5.6%
従業員のセキュリティ意識が低い	31.6%	29.9%	36.1%
通信料金が高い	8.6%	6.6%	13.7%
通信速度が遅い	6.5%	5.3%	9.8%
その他	2.1%	2.2%	1.8%
特に問題なし	12.3%	13.0%	10.5%
無回答	3.8%	4.0%	3.5%
(何らかの問題がある)	84.0%	83.0%	86.0%

（資料）総務省「通信利用動向調査」

85・１％、大企業94・６％で、大企業の方が高い。次にホームページの開設目的・用途では、「会社案内、人材募集」が９割前後で、過去からほぼ一貫して高い（図表２－５）。その他では、「商品や催物の紹介、宣伝」（65・１％）、「定期的な情報の提供」（43・２％）なども高くなっている。規模別には、上記３項目は中小企業、大企業ともに高いが、「電子公告、決算公告」は全体が10・１％であるのに対し、中小企業２・４％、大企業27・８％となっており、大企業に比べて中小企業はほとんど活用していない状況にある。「消費者の評価・意見の収集」（全体９・６％、中小企業７・５％、大企業14・５％）も同様で、中小企業によるホームページの活用については課題が多いように思われる。

一方、ソーシャルメディアサービスを活用した情報発信については、２０１６年で77・０％が「活用していない」と回答している。この比率は過去からあまり変わっておらず、ソーシャルメディアサービスの活用は総じて低調である。規模別にも２０１６年で中小企業79・４％、大企業70・９％の企業が「活用

（図表２－５）ホームページの開設目的・用途（2016年）

資本金規模	ホームページの開設目的・用途（複数回答）							
	商品や催物の紹介、宣伝	定期的な情報の提供	会社案内、人材募集	申込や届出の受付	電子公告、決算公告	消費者の評価・意見の収集	その他	無回答
全体	65.1%	43.2%	89.9%	14.4%	10.1%	9.6%	3.1%	0.1%
1億円未満	61.0%	38.0%	87.9%	13.4%	2.4%	7.5%	2.9%	0.2%
1億円以上	74.2%	54.9%	94.6%	16.3%	27.8%	14.5%	3.7%	0.0%

（資料）図表２－４に同じ

していない」と回答している。ソーシャルメディアサービスの活用目的・用途については、「商品や催物の紹介、宣伝」（66・8%）や「定期的な情報の提供」（57・8%）が高い。規模別には、上記2項目は中小企業、大企業ともに高いが、一方で「マーケティング」（全体23・5%、中小企業14・8%、大企業38・8%）や、「消費者の評価・意見の収集」（全体14・2%、中小企業9・5%、大企業22・5%）については、ホームページの活用と同様に、中小企業と大企業との格差が大きい。

（スマートフォン・タブレット端末）

ＩＴツールとしては、スマートフォンやタブレット端末の活用が進展している。しかし一方では、これらを使用することに伴う情報セキュリティの問題も指摘されている。「情報処理実態調査」では２０１１〜13年度の3年間、これらの活用状況を調査していることから、中小企業における活用の状況についてみてみたい。

スマートフォンやタブレット端末の業務利用は、この3年間だけをみても急速に拡大した。両方を利用している企業は２０１１年度12・3%から２０１３年度23・4%に、スマートフォンのみを利用している企業は7・6%→9・2%に、タブレット端末のみを利用している企業は10・2%→17・4%にそれぞれ拡大した（**図表2-6**）。一方で両方とも利用しなかった企業は69・9%→50・5%に減少している。規模別にみると、中小企業よりも大企業が進んでいる。２０１３年度では、両方とも利用が中小企業17・9%に対し大企業29・8%、スマートフォンのみが中小企業9・0%、大企業9・3%、タブレット端末のみが中小企業14・7%、大企業21・2%となっており、一方、両方とも利用しなかったのは中小企業58・4%、大企業39・7%であった。

また、業務利用する上で既存の社内無線LANを利用している企業が、2013年度で34・3%あり、さらに新規に社内無線LANを敷設した企業は15・0%あった。利用していない企業は48・0%である。規模別にみると、中小企業は既存の社内無線LANが39・4%、新規が13・3%、利用せずが43・8%となっており、一方大企業は既存29・7%、新規16・2%、利用せず52・4%である。社内無線LANの利用は、大企業よりも中小企業の方がやや進んでいる。

次に業務での利用目的をみると、「営業活

（図表２−６）スマートフォン及びタブレット端末の業務利用の状況

資本金規模		年度	スマートフォン又はタブレット端末の業務利用			
			両方利用した	スマートフォンのみを利用した	タブレット端末のみを利用した	両方とも利用しなかった
全体		2011	12.3%	7.6%	10.2%	69.9%
		2012	16.8%	7.4%	15.0%	60.8%
		2013	23.4%	9.2%	17.4%	50.0%
	1億円以下	2011	10.6%	6.3%	8.5%	74.6%
		2012	13.3%	8.0%	11.2%	67.4%
		2013	17.9%	9.0%	14.7%	58.4%
	1億円超	2011	14.4%	9.1%	11.3%	65.3%
		2012	21.1%	7.1%	18.5%	53.3%
		2013	29.8%	9.3%	21.2%	39.7%

（資料）、（注）図表２−１に同じ

動の効率化」(64・7%)、「社内コミュニケーションの円滑化」(47・8%)が多い。その他は「業務時間の短縮」(26・1%)、「ファイル・データの共有」(21・7%)などであり、「従業員管理の強化」(3・5%)、「企業イメージの向上」(7・2%)などは少ない。規模別にみても、中小企業、大企業ともにほぼ同様の傾向が見られる。

コスト面はどうだろうか。スマートフォンやタブレット端末の業務利用に係る費用の対情報処理関係支出総額比は0・9%で、情報処理関係支出全体からみるとほとんどコストを掛けずにすんでいる様子が窺われる。規模別には、中小企業が3・0%、大企業が0・9%である。なお金額的には大企業が中小企業よりも大きく、業務利用に係る費用(1社当たり)は中小企業が2・2百万円、大企業が14・8百万円である(情報処理関係支出総額は中小企業74・4百万円、大企業1,676・4百万円)。

最後に、スマートフォンやタブレット端末の業務利用における課題をみると、当然のことながら「セキュリティへの不安」が60・3%と最も高く、それと関連してか「業務利用ルールの策定が難しい」も35・2%と比較的多くなっている。また、「業務利用のメリットが少ない」は27・9%、「システム環境を整備できない」は27・3%である。一方、「個人用を利用せざるを得ない」(7・0%)や「購入する余裕がない」(13・3%)はあまり多くない。規模別には、「セキュリティへの不安」(中小企業53・1%、大企業69・4%)、「業務利用ルールの策定が難しい」(中小企業31・5%、大企業40・3%)などでは、大企業の方が課題と感じている企業が多い。総じてみれば、スマートフォンやタブレット端末の業務利用が進む中で、課題としてはコスト面よりもセキュリティへの不安が大きく、また大企業の方が課題を抱えている様子も窺われる。

（その他のＩＴツール）

その他のＩＴツールとして、「通信利用状況調査」では、電子タグ、非接触型ＩＣカード、新たにネットワーク機能が追加された機器、ＧＰＳ・携帯電話などの位置確認機能、の４つのツールの活用状況について調査している。これによれば、いずれかを導入している企業の割合は２０１６年で47・４％である。ＩＴツール別にみると、非接触型ＩＣカード（27・９％）と、新たにネットワーク機能が追加された機器（27・７％）が高い。一方、ＧＰＳ・携帯電話などの位置情報確認機能は13・２％、電子タグは５・２％である。規模別にみると、特に非接触型ＩＣカードで格差が大きい（中小企業20・５％、大企業46・８％）。なお、これらのＩＴツールで収集した情報の活用状況をみると、「活用していないし、今後活用する予定もない」が63・７％とかなり多くなっており、規模別にも中小企業、大企業ともに多く、これらのＩＴツールによる情報の活用についてはあまり進んでいないと思われる。なお、「活用している」企業は総じて少ないものの、中小企業（10・９％）が大企業（９・８％）をやや上回っている。

②クラウド・コンピューティング等の活用

ネットワーク経由で提供される情報処理サービスとしての「クラウド・コンピューティング」は、中小企業が外部の経営資源としてＩＴを活用するための有力なツールの一つとなり得るものと考えられている。中小企業においても、大企業に比べやや遅れてはいるものの、普及しつつある。また、中小企業は業務の効率化を主眼としてクラウドを利用している。導入・利用のメリットでは、大企業はもっぱら導入期間や初期コストに着目し、一方で中小企業はそれらの項目も評価しているものの、専門知識が不要なことやセキュリティ面についても考慮している。逆に、課題としては「トータルコストが高い」が最も多く、中小企業、大企業ともにシステムに対する不安やコスト面が課題となっている。クラウド・コンピューティングの利用企業の方が、労働生産性が高い可能性があることが指摘されているが、さらなる普及にはコストと情報セキュリティのバランスをどのように図っていくかが大きなポイントである。

一方、企業の商取引の場においては、ITを活用した商取引である電子商取引（EC）が成長してきている。中小企業のEC実施率は大企業と比較して低いが、上昇傾向にある。

（クラウド・コンピューティングの利用）

まず、クラウド・コンピューティング利用率（利用に係る外部支払いが発生した企業の比率）の推移についてみてみると、「情報処理実態調査」でクラウド関連の調査を始めた2006年度には6・6％に過ぎなかった（**図表2-7**）。しかし2010年度には16・0％と10％を超え、2013年度は35・2％となり、2015年度は54・2％と過半数の企業が利用するまでに拡大してきており、クラウド・コンピューティングは順調に普及してきているものと思われる。利用率を規模別にみると、中小企業では2006年度5・9％→2015年度44・9％に、大企業では同７・１%↓64・５%に拡大してきている。中小企業においても、大企業に比べやや遅れてはいるものの、ほぼ順調に普及しているものと思われる。「クラウド・コンピューティングの将来導入予定」も、「具体的に導入する予定である」企業が年々増加しており（２００９年度８・２%↓２０１３年度21・８%）、中小企業も同じ傾向にある（同３・７%↓13・９%）。

クラウド・コンピューティングの具体的な利用形態としては３つの形態（SaaS、PaaS、IaaS）(注５)がある。３形態ともインターネット経由であることは同じであるが、ソフトウェアのみを提供するのが「SaaS」、アプリケーションを実行するプラットフォームも提供するのが「PaaS」、ハードウェアやインフラまで提供するのが「IaaS」である。３形態がそれぞれどの程度利用されているのかをみると、２００９年度では「SaaS」が８割で、「PaaS」、「IaaS」が

（図表２－７）クラウド・コンピューティング利用状況
（クラウド・コンピューティング利用に伴う外部への支払いの有無）

資本金規模＼年度		2006	2007	2008	2009	2010	2011	2012	2013	2015
全体	支払いが発生した	6.6%	7.1%	8.4%	9.7%	16.0%	21.8%	28.2%	35.2%	54.2%
	発生しなかった	93.4%	92.9%	91.6%	90.3%	84.0%	78.2%	71.8%	64.8%	45.8%
1億円以下	支払いが発生した	5.9%	5.6%	6.5%	6.4%	11.5%	15.7%	20.2%	24.8%	44.9%
	発生しなかった	94.1%	94.4%	93.5%	93.6%	88.5%	84.3%	79.8%	75.2%	55.1%
1億円超	支払いが発生した	7.1%	8.1%	9.9%	12.7%	19.8%	27.2%	37.1%	47.9%	64.5%
	発生しなかった	92.9%	91.9%	90.1%	87.3%	80.2%	72.8%	62.9%	52.1%	35.5%

（資料）図表２－１に同じ
（注１）全体には資本金不明を含む
（注２）2008年度までは、「SaaS利用に伴う外部への支払い費用」のみ
（注３）2013年度に、調査区分を変更している
（注４）2015年度に、調査項目の抜本的な見直しを行っている

それぞれ1割程度であった（重複回答）。その後、「PaaS」や「IaaS」の利用が拡大し、２０１３年度では「PaaS」が15・2％、「IaaS」が26・1％、２０１５年度には「PaaS」18・9％、「IaaS」30・7％まで拡大してきている（「SaaS」は73・6％）。クラウド・コンピューティングの利用形態は現在も「SaaS」が中心であるが、多様化も進展してきているといえる。規模別にみると、中小企業、大企業ともに「SaaS」が中心で、「PaaS」、「IaaS」の利用が拡大してきている点は同様であるが、２０１５年度で中小企業は「PaaS」10・5％、「IaaS」17・5％なのに対し、大企業は「PaaS」24・7％、「IaaS」40・4％まで拡大しており、利用状況の格差はやや拡大しつつある。

次に、企業がどのような業務にクラウド・コンピューティングを利用しているのかをみてみると、「グループウェア、文書管理」が43・1％と最も多く、「販売」28・7％、「財務・会計」20・8％、「人事・給与」19・7％、「セキュリティ」16・2％なども比較的多く利用されている（２０１３年度、複数回答）。特に拡大してきているのは「グループウェア、文書管理」である。規模別にみると、「グループウェア、文書管理」（中小企業44・8％、大企業42・3％）、「財務・会計」（中小企業24・6％、大企業18・4％）、「人事・給与」（中小企業22・1％、大企業18・0％）などでは中小企業の利用が多く、「販売」（中小企業25・3％、大企業29・9％）、「調達」（中小企業8・8％、大企業12・3％）、「セキュリティ」（中小企業14・2％、大企業17・6％）などでは大企業の利用が多くなっている。中小企業はどちらかというと業務の効率化を主眼としてクラウドを利用している様子が窺われる。

（クラウド・コンピューティング関連費用）

では企業はクラウド・コンピューティングにどの程度コストをかけているのか。クラウド関連費用をみてみると、２０１２年度時点で情報処理関係支出総額の「５％未満」が54・０％と最も多かった。20％未満までを合わせると76・５％になる。２０１３年度からは分類区分が変更されたが、「20％未満」で76・５％、２０１５年度は同じく74・７％となっている。およそ３／４の企業が20％未満である。規模別にみると、２０１５年度で中小企業は「20％未満」が66・２％、大企業は81・１％で、大企業では比率が高い。大企業と比べると、中小企業では「20－40％未満」や「40－60％未満」の比率がやや高く、クラウドにコストをかけている様子が窺われる。

なお、同調査では、クラウド・コンピューティング関連費用の発生の有無と労働生産性との関係について分析している。これによれば、クラウド・コンピューティングの利用企業の方が、労働生産性が高い可能性があることが指摘されている。同じく、情報処理関係諸経費との関係では、クラウド・コンピューティング利用企業の方がＩＴへの投資に積極的であることがうかがわれるとしている。

（導入・利用のメリットと課題）

クラウド・コンピューティングの導入・利用のメリットをみると、当然のことながら「初期コストが安い」が53・３％と多いが、それよりも「導入までの期間が短い」（60・０％）ことの方が多く、素早く導入できることが大きなメリットとなっている（2013年度）。また、「技術的な専門知識がなくても導入できる」（34・8％）、「セキュリティ面での信頼性・安全性が高い」（34・3％）も多い。規模別にみると、「技術的な専門知識がなくても導入できる」（中小企業42・8％、大企業30・3％）、「セキュリティ面での信頼性・安全性が高い」（中小企業41・5％、大企業30・2％）では中小企業が多く、「導入までの期間が短い」（中小企業49・8％、大企業66・2％）、「初期コストが安い」（中小企業48・5％、大企業56・6％）では中小企業も多いものの大企業はそれ以上に多くなっている。大企業はもっぱら導入期間や初期コストに着目しているが、中小企業はそれらの項目も評価しているものの、専門知識が不要なことやセキュリティ面についても導入・利用メリットとして考慮していることがわかる。

では逆に、課題としては何があるのか。これはやや意外であるが、「トータルコストが高い」が40・1％で最も多い（2015年度）。この項目は2008年度までは20％を下回っており、過去と比較しても高コストと考える企業が多くなってきている。これ以外では、「システムの信頼性・安全性が不十分」（37・6％）、「重要データを社外に出せない」（33・5％）などが多い。なお、「既存システムとの連携ができない」（27・6％）や「カスタマイズの自由度が低い」（25・6％）も比較的多いが、この2項目の比率は低下してきている。規模別にみると、「トータルコストが高い」は中小企業39・2％、大企業41・3％、「システムの信頼性・安全性が不十分」は中小企業36・5％、大企業38・6％となっており、どの規模においてもシステムに対する不安やコスト面が課題となっていると思われる。一方、「既存システムとの連携ができない」は中小企業が大企業よりも多く、「サービス保証などに関する契約内容が不十分」、「カスタマイズの自由度が低い」、「重要データを社外に出せない」などでは大企業が多くなっている。

ところで、クラウドサービスを利用していない企業はどのように考えているのだろうか。これについて「通信利用動向調査」では、クラウドサービスを利用しない理由を聞いている。その理由（２０１６年）をみると、「必要がない」が47・2％と最も多いが、「情報漏洩などセキュリティに不安がある」（35・4％）、「クラウドの導入に伴う既存システムの改修コストが大きい」（22・3％）なども多く、コストや情報セキュリティがクラウド導入の障害となっている。規模別にみると、「必要がない」は中小企業が52・7％と多く（大企業23・6％）、「情報漏洩などセキュリティに不安がある」は大企業が50・9％と多いが、中小企業も32・4％と多くなっている。クラウドサービスのさらなる普及には、コストと情報セキュリティのバランスをどのように図っていくかが大きなポイントになるように思われる。

（電子商取引（ＥＣ）の利用）

企業の商取引の場においては、ＩＴを活用した商取引である電子商取引（ＥＣ）が成長してきている。中小企業のＥＣ実施率は大企業と比較して低いが、上昇傾向にある。

「情報処理実態調査」ではＥＣを企業間取引（ＢtoＢ）と企業の消費者向け販売（ＢtoＣ販売）に分け、さらに企業間取引を購入（ＢtoＢ購入）と販売（ＢtoＢ販売）の２つに分けて、３つの類型について調査している。

　まずEC全体の実施状況をみると、実施している企業は2013年度で全体の61・0％であった（**図表2－8**）[注6]。このEC実施率は、2008年度には48・6％とまだ50％を下回る水準であった。企業のEC実施率は年により変動はあるが上昇してきており、ECは徐々に普及してきていると思われる。

　次にEC実施率を3類型それぞれについてみると、2013年度でBtoB購入は46・7％、BtoB販売は39・7％、BtoC販売は20・3％となっており、ECは企業間では進んでいるものの、消費者向けはまだ低水準であることがわかる。ただ20

（図表2－8）EC実施率の推移（広義EC）

資本金規模 ＼ 年度		2004	2005	2006	2007	2008	2009	2010	2011	2012	2013
全体	EC全体	34.0%	40.3%	45.9%	48.5%	48.6%	51.3%	54.1%	54.2%	55.4%	61.0%
	BtoB購入	21.4%	28.9%	32.9%	35.7%	33.9%	36.6%	40.0%	39.6%	42.2%	46.7%
	BtoB販売	20.1%	26.1%	29.4%	31.5%	31.4%	32.8%	34.3%	34.7%	35.1%	39.7%
	BtoC販売	9.7%	10.6%	12.3%	13.1%	13.4%	14.6%	16.6%	16.3%	18.3%	20.3%
1億円以下	EC全体	23.6%	29.7%	37.7%	40.4%	42.3%	44.7%	47.7%	47.4%	48.8%	53.0%
	BtoB購入	12.3%	18.0%	25.2%	27.8%	27.3%	29.8%	33.9%	33.4%	35.9%	39.5%
	BtoB販売	13.6%	18.1%	22.2%	25.8%	26.4%	27.7%	29.1%	29.6%	29.6%	33.0%
	BtoC販売	6.4%	6.8%	9.2%	10.0%	10.4%	10.3%	13.8%	13.0%	15.0%	16.4%
1億円超	EC全体	41.4%	49.0%	54.6%	57.0%	56.7%	59.0%	60.8%	61.4%	63.4%	71.4%
	BtoB購入	27.4%	37.2%	40.6%	43.3%	41.3%	43.4%	45.9%	45.7%	49.2%	56.1%
	BtoB販売	24.9%	33.0%	37.1%	38.1%	38.2%	39.1%	40.2%	40.6%	42.1%	49.0%
	BtoC販売	12.2%	13.6%	15.4%	16.4%	16.9%	18.8%	19.3%	19.8%	22.2%	24.6%

（資料）図表2－1に同じ
（注1）EC実施率（％）＝EC実施企業数／回答企業数×100
（注2）広義ECは、インターネット以外のECを含む（専用線等）
（注3）全体には資本金不明を含む

０８年度と２０１３年度を比較すると、ＢtoＢ購入は33・９％→46・７％、ＢtoＢ販売は31・４％→39・７％、ＢtoＣ販売は13・４％→20・３％となっており、いずれの取引においてもＥＣ実施率は上昇傾向にある。

企業規模別にみると、まずＥＣ実施率では中小企業のＥＣ実施率は２０１３年度で53・０％であった。ＢtoＢ購入は39・５％、ＢtoＢ販売は33・０％、ＢtoＣ販売は16・４％で、いずれも大企業と比較して低い水準である。ただ過去と比較すると中小企業のＥＣ実施率も上昇傾向にある。

③ＩＴ投資の効果

最後に、ＩＴ投資の効果についてみると、中小企業はそもそもＩＴ投資の評価をあまり行っておらず、まずはＩＴ投資の正確な評価を行う必要がある。実際の効果については、各業務ともに評価は高く、中小企業、大企業ともにほぼ同じ割合の企業が効果があったとしており、中小企業のＩＴ投資については、少なくとも評価を実施している企業については大企業とそん色ない効果を挙げている。

まず、企業がそもそもＩＴ投資の評価を行っているのかどうかであるが、「情報処理実態調査」によると、ＩＴ投資評価を実施している企業の比率は２０１３年度までは概ね30％台半ばで推移していた（**図表２-９**）。規模別には、中小企業は20％台前半、大企業は50％前後であった。評価を実施しないと、そもそも企業の生産性向上や成長にＩＴ投資が貢献しているのかどうかわからない。上記の数字からみると、中小企業はまず、過去に実施したＩＴ投資の正確な評価を行う必要があるのではないか。なお、２０１５年度はそれ以前の調査との連続性がないが、60・０%の企業がＩＴ投資の評価を行っている。中小企業は45・２%、大企業は76・２%である。

次に実際の効果として、どのような効果があったか、以下でみていく。同調査では効果を以下の８項目に分けている。

A. 売上または収益改善につながった
B. 顧客満足度の向上、新規顧客の開拓につながった
C. 業務革新、業務効率化につながった
D. 従業員の満足度向上や職場の活性化につながった
E. リスク対応、セキュリティ対策などが図れた

（図表２－９）IT投資の評価（実施企業割合）

業種・資本金 ＼ 年度	2004	2005	2006	2007	2008	2009	2010	2011	2012	2013	2015
全産業	33.4%	22.6%	38.3%	40.1%	34.7%	35.6%	36.4%	35.1%	33.6%	35.0%	60.0%
1億円以下	20.1%	18.8%	24.9%	25.9%	21.9%	23.3%	24.1%	23.1%	21.1%	21.2%	45.2%
1億円超	41.5%	24.8%	51.3%	53.4%	48.4%	48.3%	47.4%	46.4%	48.1%	53.2%	76.2%
製造業	42.2%	24.3%	47.0%	48.3%	40.6%	44.0%	43.6%	43.0%	44.0%	44.7%	73.0%
1億円以下	24.4%	19.2%	27.6%	27.6%	21.5%	25.3%	23.7%	24.1%	24.0%	27.2%	51.6%
1億円超	50.0%	26.6%	59.6%	62.1%	56.7%	57.5%	55.3%	54.7%	58.9%	58.4%	82.7%
非製造業	29.5%	21.9%	34.8%	36.5%	32.1%	32.0%	33.4%	31.8%	30.1%	31.8%	55.8%
1億円以下	18.5%	18.7%	24.0%	25.2%	22.1%	22.5%	24.2%	22.8%	20.3%	19.7%	44.0%
1億円超	37.1%	23.9%	47.1%	48.7%	44.3%	43.4%	43.4%	41.9%	43.3%	50.7%	72.7%

（資料）図表２－１に同じ
（注１）全体には資本金不明を含む
（注２）2006年度に、調査項目や概念定義等を変更している
（注３）2015年度に、調査項目の抜本的な見直しを行っている

Ｆ．法令などへの対応が図れた
Ｇ．ＩＴインフラの強化
Ｈ．その他の効果につながった

２０１３年度でみると、Ｃが92・８％で最も高く、次いでＥが91・０％となっている。逆に、Ｂは57・２％、Ａは63・６％となっている。どの項目も半数以上の企業が、効果があったと評価しているものの、企業の生産性向上や成長につながる項目（Ａ、Ｂ）は相対的に評価が低く、効率化等の面を高く評価する傾向がみられる。

規模別にみると、Ｃは中小企業が91・７％、大企業が93・３％となっており、規模間格差は小さい。Ｅも、中小企業が86・６％なのに対し大企業は93・２％で、やや差があるものの中小企業も高い評価をしている。また、評価が相対的に低い項目についても、Ａは中小企業が60・３％、大企業が65・２％、Ｂは中小企業が56・１％、大企業が57・８％となっており、規模間の評価の差は小さい。中小企業と大企業の評価の差が大きいのはＦ（中小企業59・５％、大企業77・３％）、Ｇ（中小企業82・２％、大企業92・５％）だけであり、ＩＴ投資の効果については、中小企業と大企業とでほぼ同じ割合の企業が効果があったと評価しているものと思われる。中小企業のＩＴ投資については、少なくとも評価を実施している企業については、大企業とそん色ない割合の企業で効果を挙げているといえるのではないか。

また、ＩＴ投資においては、事後の評価と同様に、当初の「意図」も重要である。ＩＴ投資効果の各項目について当初の「意図」があった場合となかった場合に分けてみると、当初の「意図」があった場合には「実際の効果があった」、「実際の効果がどちらかといえばあった」の合計が、IT投資効果全項目において9割を超えている。一方、当初の「意図」がなかった企業では、その効果はほとんどみられず、IT投資においては当初から目的の明確化が重要であると同調査では指摘している。規模別にも、中小企業、大企業ともに全体と同じ傾向を示している。

❸ 「攻めのIT」による生産性の向上

(1) 攻めのITとは何か

「情報処理実態調査」では、2015年度の調査で売上や付加価値拡大を実現するためのIT活用に関わる取組を「攻めのIT」とし、その企業における位置づけなどを分析している。またIT投資について「攻め」と「守り」に分類して分析している。「攻め」は「新規事業の立ち上げ」、「業務プロセスやビジネスモデルの刷新」、「新サービス・新製品の開発・販売」、「既存のサービス・製品の売上・販売の拡大」、「顧客満足度の向上や新規顧客の開拓」の5項目のIT投資である。一方、「守り」は「既存の業務の効率化やコスト削減の推進」、「既存事業の管理（会計・人事・生産等）」、「リスク対応やセキュリティ対策の強化」、「法令などへの対応」の4項目のIT投資である。この他にどちらにも属さないIT投資として「従業員満足度の向上や職場の活性化」がある。

中小企業についてみると、中小企業の過半数が「攻めのＩＴ」を重視している。しかし、「攻めのＩＴ」に係る他企業・他業種との連携や、外部サービスについては、あまり活用されていない。また、中小企業はＩＴ要員を置く余裕もあまりない。攻めのＩＴ投資に取り組む企業の方が、労働生産性が高い可能性があることが指摘されており、元来、経営資源に乏しい中小企業においては、ＩＴの活用にあたっても、より積極的に連携や外部サービスの活用を図ることで「攻めのＩＴ」を実現し生産性の向上を目指すことが望まれる。

(2) 攻めのＩＴの位置付け

まず「攻めのＩＴ」の位置付けをみると、「きわめて重視している」（20・９％）と「やや重視している」（45・２％）を合わせて、重視している企業の割合は66・１％にのぼる（**図表２‐10①**）。規模別にみると、中小企業が56・７％、大企業が76・１％であり、大企業の方が多いものの、中小企業も過半数が「攻めのＩＴ」を重視している状況にある。

しかしながら、「攻めのＩＴ」に係る他企業・他業種との連携の状況については、全体の54・８％が「連携していない」と回答しており、規模別には中小企業の61・７％、大企業の47・６％が連携していない（**図表２‐10②**）。また、「攻めのＩＴ」に係る外部サービスの利用の状況についても、全体の64・６％が「活用していない」と回答し、中小企業は70・５％、大企業は58・７

%などとなっている（**図表２‐10③**）。元来、経営資源に乏しい中小企業においては、ＩＴの活用にあたっても、より積極的に連携や外部サービスの活用を図ることで「攻めのＩＴ」を実現し生産性の向上を目指すことが望まれる。

（3）攻めのＩＴ要員

ではＩＴ要員についてはどうか。同調査ではＩＴに関する企画立案と実装・実現のそれぞれについて調査している。まず企画立案についてでは、ＩＴ要員が総従業員の「１％未満」とする企業が39・０％で最も多く、また「該当する要員はいない」も31・４％と多かった（**図表２‐10④**）。また実装・実現についても、「１％未満」が50・８％、「該当する要員はいない」が34・３％と多くなっている（**図表２‐10⑤**）。規模別にも、中小企業、大企業ともにほぼ同じ傾向であるが、中小企業では特に「該当する要員はいない」が企画立案で40・１％、実装・実現で43・５％と多い。ＩＴ要員には企業の経営資源をなかなか振り向けられない状況にあることが推測されるが、それが特に中小企業においてはより顕著に表れている。

なお「攻めのＩＴ」に関連して、先端技術を取り扱う専任の組織や社員の設置についてもあまり進んでいない。専門組織やプロジェクトチームを設置しているのは全体の10・８％、専属の社員を配置しているのは７・８％である。特に中小企業では、専門組織・プロジェクトチームは４・２％と低くなっており、専属社員は８・８％であった。中小企業にはＩＴ要員を置く余裕は

(図表２－10)「攻めのIT」について (2015 年度)

資本金規模	①位置付け				②他企業・他業種との連携の状況 (複数回答)				
	きわめて重視している	やや重視している	あまり重視していない	まったく重視していない	同業種の企業と連携している	業界を超えて他業種の企業と連携している	グループ企業と連携している	連携していない	わからない
全体	20.9%	45.2%	29.4%	4.5%	7.8%	8.5%	30.3%	54.8%	6.1%
1億円以下	14.6%	42.1%	37.5%	5.8%	5.8%	5.5%	24.6%	61.7%	7.2%
1億円超	27.3%	48.8%	21.0%	2.9%	9.7%	11.7%	36.6%	47.6%	4.5%

資本金規模	③外部サービスの利用の状況 (複数回答)					
	IT活用の企画・計画策定のために利用している	IT活用の導入・実行のために利用している	IT活用の評価のために利用している	市場動向把握のために利用している	わからない	活用していない
全体	12.6%	21.5%	4.6%	7.6%	4.5%	64.6%
1億円以下	6.0%	17.7%	1.9%	5.1%	5.7%	70.5%
1億円超	19.6%	25.1%	7.5%	10.2%	3.2%	58.7%

資本金規模	④企画立案に係る従業員数					⑤実装・実現に係る従業員数				
	1%未満	1%~5%未満	5%以上	該当する要員はいない	わからない	10%未満	10%～20%未満	20%以上	該当する要員はいない	わからない
全体	39.0%	18.0%	3.4%	31.4%	8.2%	50.8%	2.0%	1.7%	34.3%	11.1%
1億円以下	31.6%	16.6%	3.3%	40.1%	8.4%	41.5%	1.7%	2.0%	43.5%	11.2%
1億円超	47.3%	19.8%	3.4%	22.4%	7.2%	61.3%	2.2%	1.3%	24.9%	10.2%

資本金規模	⑥課題 (複数回答)									
	経営層の理解	事業部門・従業員の理解	体制・組織の整備	人材の育成	予算の不足	ノウハウの不足	費用対効果の説明	継続性を保てない	その他	わからない
全体	21.6%	24.0%	49.4%	58.7%	26.9%	46.7%	39.2%	10.5%	1.8%	12.6%
1億円以下	18.1%	21.9%	43.2%	51.2%	25.3%	44.0%	35.5%	10.5%	2.1%	17.0%
1億円超	25.4%	25.9%	56.1%	67.4%	28.5%	50.2%	43.3%	10.4%	1.3%	7.6%

(資料)、(注) 図表２－１に同じ

あまりなく、ましてや先端技術の専門組織を置く余裕はなおさらない状況にあると思われる。

（4）攻めのIT投資

次にIT投資の実施の有無をみると、コスト削減や既存業務の管理等を目的とした「守り」のIT投資を実施した企業は多いが、売上や付加価値拡大を実現するための「攻め」のIT投資はやや少ない。それぞれ実施した企業の比率は、「守り」のIT投資が「既存の業務の効率化やコスト削減の推進」60・3％、「既存事業の管理（会計・人事・生産等）」58・0％、「リスク対応やセキュリティ対策の強化」60・7％、「法令などへの対応」46・2％で、「攻め」のIT投資は「新規事業の立ち上げ」14・2％、「業務プロセスやビジネスモデルの刷新」27・8％、「新サービス・新製品の開発・販売」18・6％、「既存のサービス・製品の売上・販売の拡大」25・0％、「顧客満足度の向上や新規顧客の開拓」23・0％である。「守り」に比べれば少ないとはいえ2割を超える企業が実施している項目もあり、生産性向上や成長に向けた「攻め」のIT投資に対しても企業は後ろ向きではないものと思われる。規模別にみると、中小企業は「守り」のIT投資には30―50％台の企業が取組んでいるが、「攻め」のIT投資はいずれの項目も10％台で、大企業に比べるとやや物足りない。ただし、多岐にわたるIT投資を行うことは、中小企業にとり負担が重いことを示している可能性もある。中小企業は、外部資源の活用などにより不足するIT投資を補っていくことが必要ではないだろうか。同調査では、「攻め」のIT投資と労働生産性の関係を分析しているが、これによれば、「攻め」のＩＴ投資に取り組む企業の方が、労働生産性が高くなる可能性があることを指摘している。

ＩＴ投資に対する効果については、多くの企業が概ね良好な評価をしており「攻め」と「守り」の間に評価の差はない。まず「ＩＴ投資の効果の状況」については、「効果が出ている」と「これから効果が出そうである」を合わせると、「攻め」、「守り」ともに大半の項目で８割を超えている。超えていない項目も、「新規事業の立ち上げ」が74・６％、「法令などへの対応」が79・５％と多い。逆に、「効果が出そうにない」は、「法令への対応」（５・１％）を除けばいずれも０～２％台と非常に少ない。規模別にみると、中小企業は大企業と比較するとやや少ないものの、大半の項目で７割を超えており、概ね良好な評価である。これらの評価結果は、ＩＴ投資の実施に踏み切ることさえできれば、「攻め」、「守り」ともに相応の効果が見込めることを示唆している。

(5) 攻めのＩＴの課題

「攻めのＩＴ」には何が足りないと企業が感じているのか。これについて「攻めのＩＴ」に関する課題認識をみると、「人材の育成」が58・７％となっており、過半数の企業が「ヒト」の課題を掲げている（図表２‐10⑥）。またこれ以外にも「体制・組織の整備」（49・４％）、「ノウハウの不足」（46・7％）といった「ヒト」に関連する課題が上位にあげられている。中小企業も、「人材の育成」が51・２％、「体制・組織の整備」が43・２％、「ノウハウの不足」が44・０％と多い。

一方で、「（課題が）わからない」とする企業が全体で12・6％なのに対し、中小企業は17・0％と多くなっている（大企業は7・6％）。中小企業は「攻めのＩＴ」において、まずは何が課題かを明確にする必要があろう。

❹ ＩＴツール活用による生産性の向上

各種のＩＴツールの活用は労働生産性の向上に寄与するのだろうか。これについて「通信利用動向調査」では、下記①～⑤のＩＴツール等の活用と労働生産性の関係を調査している。

①クラウドサービス
②ＩＴ教育
③無線通信技術を利用したシステムやツールの導入
④テレワーク
⑤ＣＩＯ

これによればＩＴを活用している企業の方が、労働生産性が高い傾向がある。２０１６年でみると、①クラウドサービスは1・3倍（「利用あり」の企業の労働生産性７５２万円、「利用なし」５６７万円）、②ＩＴ教育は１・３倍（「実施あり」７５１万円、「実施なし」５９３万円）、③無線通信技術は１・２倍（「導入あり」７０７万円、「導入なし」５８４万円）、④テレワークは１・

６倍（「導入あり」９５７万円、「導入なし」５９９万円）となっている。なお、⑤ＣＩＯは２０１５年まで調査しているが、「設置あり」が９４６万円で、「設置なし」（７２８万円）の１・３倍であった。

過去の推移をみると、①クラウドサービスは１・０～１・２倍程度とやや低いが、その他の②から⑤はいずれも１・２～１・６倍程度となっており、ほぼ一貫して労働生産性が相対的に高い状況が続いてきている。これを資本金規模で5千万円未満と5千万円以上にわけてみると、(注7)５千万円以上の企業では①クラウドサービス以外はＩＴツール等を活用している企業の労働生産性が概ね高い。また5千万円未満でも、あまり安定してはいないものの同じく①クラウドサービス以外では相対的に高くなっている。ただし年により変動が大きく、また5項目ともにＩＴ活用企業の労働生産性が上昇する動きはまだはっきりしていない。ＩＴツール等の活用の有無により労働生産性に差があることは認められるものの、それらが持続的な生産性の向上や成長につながっていくのか、その効果については先行きを見守る必要があると思われる。

5 情報セキュリティ

(1) トラブルの発生状況

企業がＩＴの活用を進める上で、近年大きな課題となってきているのが情報セキュリティである。情報セキュリティトラブルはほぼ一貫して発生し続けており、その対策には相応のコストがかかる。また強固なセキュリティを構築しようとするほどコストがかさむ。ＩＴ活用の効果が情報セキュリティコスト増で減殺されてしまっては元も子もない。一方では、「攻めのＩＴ」で触れたような、売上や付加価値拡大を実現するためのＩＴ活用に関わる取組を進めれば、必然的に顧客情報など外部の情報を扱う機会が増え、求められる情報セキュリティの水準も高くなる。企業においては、ＩＴ活用により生産性の向上を目指しつつ、一方で情報セキュリティを維持するという、バランスのとれた舵取りが求められよう。

企業規模別にみていくと、情報セキュリティトラブルは中小企業より大企業の方が多く、被害の発生状況、被害額ともに中小企業を上回っている。中小企業も、大企業より少ないとはいえトラブル自体はかなり発生しており、情報セキュリティトラブルは企業規模を問わず重要な課題と認識されている。こうした状況下、情報セキュリティ対策については、中小企業の対策の遅れがやや目立つ。対策のコストと安全性・利便性との兼ね合いを図ることが難しいとはいえ、大企業に比べて中小企業の対策不足が懸念される。この点、中小企業は大企業に比べ情報セキュリティ対策における外部サービスの利用が少ないが、一方では情報セキュリティ対策の阻害要因として、専門家不足、ノウハウ不足を挙げる企業が増えつつあり、中小企業もコスト面に留意しつつ積極的に外部利用を検討していく必要があるのではないか。

まず、「情報セキュリティトラブルの発生状況」をみると、その発生率（発生した企業割合）は２００７～10年度までは概ね20％台後半で推移していた（**図表２‐11**）。

その後はやや低下し２０１３年度には23・２％となっている。規模別にみると、２０１３年度、中小企業16・１％に対し大企業32・９％となっており、大企業の方が、情報セキュリティトラブルが多い。トラブルの種類でみると、大企業で多いのは「重要情報の漏えい」（30・６％）で、その中でも特に「ノートパソコン及び携帯記憶媒体等の盗難・紛失」（26・２％）が中小企業と比較して多くなっている（中小企業はそれぞれ10・３％、８・９％）。その他にも「システムの停止」、「ＤｏＳ攻撃」、「コンピュータウィルス」など多く

（図表２－11）情報セキュリティトラブルの発生状況

資本金規模＼年度		2006	2007	2008	2009	2010	2011	2012	2013
全体	発生した	24.8%	28.7%	27.3%	26.7%	28.2%	23.0%	24.4%	23.2%
	発生しなかった	75.2%	71.3%	72.7%	73.3%	71.8%	77.0%	75.6%	76.8%
1億円以下	発生した	15.0%	19.3%	18.9%	18.5%	19.8%	15.2%	17.1%	16.1%
	発生しなかった	85.0%	80.7%	81.1%	81.5%	80.2%	84.8%	82.9%	83.9%
1億円超	発生した	32.6%	36.1%	34.6%	33.1%	34.1%	29.1%	30.7%	32.9%
	発生しなかった	67.4%	63.9%	65.4%	66.9%	65.9%	70.9%	69.3%	67.1%

（資料）図表２－１に同じ

の項目で大企業が多く、中小企業が大企業よりも多いのは「スパムメールやＤｏＳ攻撃の中継利用」、「地震・火災など外部要因によるシステム停止」ぐらいである。ただ中小企業は大企業よりは少ないとはいえトラブル自体は中小企業においてもかなり発生している。

２０１５年度には調査項目が「情報セキュリティインシデントの発生状況」に変更されたが、その発生率をみると「インシデントの発生を確認したが、被害には至っていない」が49・2％、「発生の疑いのある事象を発見した」が36・４％などとなっている。実際の被害については、「インシデントを通じて、情報漏えい等の被害が発生した」のは３・２％で、「インシデントが、企業の評判の低下等の対外的な悪影響につながった」（０・３％）や「インシデントが、賠償や訴訟等を含む金銭的な被害につながった」（０・８％）は非常に少ない状況である。規模別に比較すると、２０１３年度までと同様に、大企業の方がインシデントの発生、被害の発生ともに中小企業よりも多い。

(2) 情報セキュリティ対策

次に、情報セキュリティ対策の実施状況についてみる。２０１３年度までの調査では、対策を４つに分類している。

①組織的対策の実施（リスク分析、セキュリティポリシーの策定など）

②技術的対策の実施（重要なシステムへの内部でのアクセス管理、データの暗号化、外部接続へのファイアウォールの配置など）
③監視体制（セキュリティ監視ソフトの導入、外部専門家による常時セキュリティ監視）
④評価の実施（定期的なシステム監査、定期的な情報セキュリティ監査など）

まず何らかの情報セキュリティ対策を実施している企業の比率（情報セキュリティ対策全般の実施率）は上昇傾向にあり、２０１３年度で90・5％となった。項目別には、①組織的対策の実施が75・4％、②技術的対策の実施が86・8％、③監視体制が56・5％、④評価の実施が58・6％であった。①、②と比較して、③、④では実施率が低い。

規模別にみると、押しなべて中小企業は比率が大企業よりも相当低く、項目（細分類）によっては半分以下の項目もあるなど、中小企業における情報セキュリティ対策の遅れが目立つ結果となっている。主な項目についてみると、情報セキュリティ対策全般の実施（中小企業85・3％、大企業97・1％）、①組織的対策の実施（中小企業65・4％、大企業87・9％）、②技術的対策の実施（中小企業79・4％、大企業95・8％）、③監視体制（中小企業47・4％、大企業67・6％）、④評価の実施（中小企業45・6％、大企業74・2％）となっている。

２０１５年度は調査全体を大幅に見直しているが、情報セキュリティ対策については、大きく「体制の整備」と「対策の実施」に分けて調査している。情報セキュリティ対策全般の実施率は82・3％である。このうち「体制の整備」は70・7％、「対策の実施」は77・7％で、細かく見ていくと「体制の整備」では「情報セキュリティに関する担当部署や担当者の決定」（67・1％）、「対策の実施」では「個人情報や重要情報等の社内情報資産の把握」（65・1％）がそれぞれ最も高くなっている。規模別には、２０１５年度も以前と同様に中小企業と大企業とでは大きな差がある。情報セキュリティ対策全般の実施率は中小企業73・3％、大企業92・1％で、このうち「体制の整備」は中小企業57・4％、大企業85・0％、「対策の実施」は中小企業67・5％、大企業88・8％であった。

次に、コスト面をみる。情報セキュリティ対策費用は情報処理関係支出総額の「1〜3％未満」が26・5％と最も多い（２０１３年度）。一方で「10％以上」も22・0％であるが、その推移をみると減少してきている。規模別には、中小企業は「1〜3％未満」が22・2％、「10％以上」が30・0％で、大企業は「1〜3％未満」が31・0％、「10％以上」が13・1％であり、情報セキュリティ対策費用は中小企業の方がやや負担が重い状況にある。

最後に、情報セキュリティ対策を阻害する要因については、過去から一貫して最も多いのが「手間・コストがかかる」で、２０１３年度では59・4％となっており、また「対策をどこまでやるべきかがわからない」（44・4％）も多い。これら以外では、「実施する知識・ノウハウがない」（29・9％）、「専門家がいない」（24・8％）が2割超で、この2項目は年々増加する傾向がみられる。一方、過去には比較的多かった「予算がとれない」は、２０１３年度には18・3％まで減少している。予算面の制約が薄れつつある一方で、今度は専門家不足・ノウハウ不足が阻害要因となりつつある。特に中小企業でその傾向が強い。「実施する知識・ノウハウがない」は中小企業34・４％、大企業24・９％で、「専門家がいない」は中小企業28・７％、大企業20・７％となっている。中小企業ではこのほかにも「企業のセキュリティ体制が確立されていない」も多い（全体19・８％、うち中小企業22・５％、大企業16・３％）。

（３）外部サービスの利用

上記のように、情報セキュリティ対策の阻害要因として専門家不足、ノウハウ不足を挙げる企業が増えつつある。企業は情報セキュリティに関する外部サービスについてどのように考えているのか。これについて２０１５年度、情報セキュリティに関する外部サービスの利用状況を調査している。調査結果をみると、情報セキュリティについて外部（専門家）に相談しなかった企業は35・５％とほぼ１／３で、残り２／３の企業が外部サービスを利用している。利用先はＩＴベンダーが47・２％と最も多く、情報セキュリティ専門ベンダーが18・２％となっている。規模別にはＩＴベンダーが中小企業38・９％、大企業56・４％、情報セキュリティ専門ベンダーが中小企業８・３％、大企業28・６％、一方相談しなかったのは中小企業44・２％、大企業25・８％であった。中小企業は大企業に比べ外部サービスの利用が少ない。

一方、情報セキュリティに関する専門サービスを利用する際の課題をみると、「サービスの費用が高く、利用しづらい」とする企業が 46・６％と最も多く、コスト面が最大のネックとなっている。また「自社としてどのようなサービスを選べばよいのかがわからない」も28・4%と多く、一方で「特に課題を感じることはない」企業も21・5%存在する。規模別にみると、「サービスの費用が高く、利用しづらい」は中小企業38・0%、大企業56・2%、「自社としてどのようなサービスを選べばよいのかがわからない」は中小企業31・0%、大企業26・2%、「特に課題を感じることはない」は中小企業23・4%、大企業18・7%であった。これをみると、中小企業の利用が少ないのはコスト面がネックということはもちろんあるが、そもそも外部サービスについての情報が不足しているのではないだろうか。それが「よくわからない」や「課題を感じることはない」という回答につながっているのではないかと思われる。

以上からすると、中小企業は大企業に比べ外部サービスの利用が少ないが、情報セキュリティ対策の阻害要因として、専門家不足、ノウハウ不足を挙げる企業が増えつつあり、中小企業も積極的に外部利用を検討していく必要があるのではないか。

6 中小企業はIT活用をどのように進めるか

わが国では少子高齢化・人口減少が既に始まっており、中小企業においても急速に人手不足・人材不足感が高まってきている。中小企業がこうした構造的な課題の解決を図っていくための有力な一手段として、近年発達・普及が著しいＩＴの活用が挙げられる。中小企業の生産性は大企業の半分に満たず、ＩＴを活用することにより、中小企業がその生産性を高め、収益力の向上を図っていくことは、わが国経済全体の活性化にも貢献する。

しかしながら、中小企業のＩＴ活用は総じて遅れ気味である。ＩＴ活用の遅れが大企業との生産性格差につながっている可能性もある。そもそもＩＴは特定の部門、一部の業務にのみ適用するものではなく、現在ではあらゆる部門、全ての業務に適用可能である。このことがかえって企業にとってはどこにＩＴを導入すべきなのか、悩むことになってしまうように思われる。ＩＴ投資の前に、自社の経営の総点検が必要かもしれない。２０１６年版の中小企業白書では、中小企業によるＩＴ投資の成功要因として、①業務プロセス・社内ルールの見直し、②意見・情報の収集、③従業員教育、④段階的・計画的なＩＴの導入、⑤ＩＴ投資の事後評価、などへの取り組みを掲げ、また、ＩＴ投資を行う上ではＩＴ人材の活用が重要であることも指摘している。中小企業によるこれらの取組みは重要であると思われるが、加えるとするならば、経営資源に乏しい中小企業にとり外部資源（サービス）の活用も有効ではないだろうか。

わが国では今後、総人口の自然減が続く。人口減少下では生産性の向上が必須である。ＩＴ等の活用は、深刻化している人手不足の緩和や労働生産性の向上につながり、現在中小企業が抱えている①人手不足・人材不足と②低生産性の２つの課題を解決できる可能性を有している。しかし一方では、ＩＴで代替される分野から代替されない高付加価値分野への円滑な労働移動が確保されないと、そこで雇用のミスマッチが生じる可能性がある。そのためには、中小企業も含め社会全体で、新たな労働供給の源となる女性や高齢者の就業環境を整えていくのはもちろんのこと、ＩＴ等を活用した高付加価値分野で活躍できるような人材を育成することや、労働市場（雇用）の流動性を高めていくことも、並行して進めることが求められよう。

【注】

（１）中小企業は資本金1億円以下、大企業は資本金1億円超とした

（２）２０１６年度の「情報処理実態調査」による２０１５年度実績

（３）「通信利用動向調査」では、２０１６年11－12月調査を２０１６年分として公表。以下、各年調査とも同じ

（４）「通信利用動向調査」では中小企業は資本金1億円未満、大企業は資本金1億円以上とした

（５）SaaS（Software as a Service）、PaaS（Platform as a Service）、IaaS（Infrastructure as a Service）の３形態

（６）インターネット以外のネットワークも含む広義ＥＣの実施率

（７）同調査項目は5千万円で区分しているので、この区分を使った

第3章 シェアリングエコノミーによる生産性向上

急速に広がるシェアリングエコノミーは、個々の企業の生産性向上を実現する有力な手段であり、中小企業は自社のビジネスモデルへの導入を真剣に検討する必要がある。ただ、シェアリングエコノミーは登場して間がないため、健全な発展などを目的に規制が強化される可能性もあることを念頭に置く必要がある。

本章では、初めにシェアリングエコノミーについて実例、普及の背景、経済的・副次的効果、中小企業に及ぼす影響などをまとめ、全体像を明らかにする。次に、ケーススタディとして、シェアリングエコノミーのプラットフォーマーと、それを利用して成果を上げている供給者および需要者を取り上げる。最後に、ケーススタディを踏まえて、中小企業は生産性向上のためにシェアリングエコノミーにどのように取り組めば良いのか、プラットフォーマー、供給者、需要者別に留意点を述べる。

❶ シェアリングエコノミーとは何か

(1) 概要

近年急速に拡大しているシェアリングエコノミー（sharing economy）は、個人（供給者）が所有する資産から得られる効用を他の個人（需要者）と共有（share）する、当事者個人同士（Peer to Peer：以下ではP2Pと記す）で行われる新しいタイプの経済活動として認識されている。ICT（情報通信技術）を基にしたプラットフォームを用いる事業者が供給者と需要者を仲介する（以下では、この仲介事業者を「プラットフォーマー」という）。供給者と需要者が、主にスマートフォン等のモバイル機器を用いてプラットフォームにアクセスすることによって需要と供給がマッチングされる。需要者と供給者の間で信頼を構築するために、プラットフォーマーがシェアリングエコノミーの需要者と供給者の相互評価を事後的に収集し、その履歴をプラットフォーム上で開示することが多い。

シェアリングエコノミーは、有形の物的資産だけでなく無形の人的資産も対象となり、主要な形態毎に例を挙げると、以下のようなものがある。(注1)

①物的資産を対象とする例

(物的資産の空間の共有)

自宅の空室への他者の宿泊、あるいは自宅の駐車場やオフィスの会議室の時間貸し等により、物的資産がもたらす空間が共有される。

この分野でシェアリングエコノミーのサービスを世界的に展開しているプラットフォーマーがAirbnb（エアビーアンドビー）であり、供給者が自宅等の使用していない部屋を旅行者等の需要者に貸し出すサービスを仲介する。旅行者（需要者）にとってはホテルよりも安価な宿泊場所を確保できることや、個性的な宿泊体験といったニーズを満たすことができるメリットがある。一方、自宅を貸し出す供給者は稼働していない部屋を旅行者に貸すことによって収入を得ることができるというメリットがある。これは、いわゆる「民泊」であり、供給者が近接する別室・別棟で利用者とともに滞在する場合と、滞在しない場合がある。

日本では、２０１８年６月に「住宅宿泊事業法」（民泊新法）が施行されたことによって、年間１８０日以内であれば届出により民泊を行うことができるようになった。ただし、自治体が独自の規制を条例で上乗せできることも規定されており、営業可能な日数・曜日や地域を制限する自治体が少なくない。

また、日本では、大都市特有の社会的課題である駐車場の不足を緩和するサービスを展開するプラットフォーマーが存在感を示している。加えて、会議室等のレンタルを仲介するプラットフォーマーも都市部で現われている。例えば、スペイシーは東京都内を中心として場所、時間、人数に合わせて最適な規模のミーティングスペースを需要者が検索できるプラットフォームを構築している。シェアリングエコノミーの基本形はＰ２Ｐであるが、駐車場や会議室のレンタルのプラットフォームでは、企業が供給者と需要者の一方あるいは両方になりうるため、中小企業にとっても資産の有効利用や低コストでの空間利用が可能になる。

(耐久財・半耐久財の個人間売買・レンタル)

耐久財や衣服等の半耐久財の個人間での交換や時間貸し等を仲介するプラットフォーマーも世界的に拡大している。日本では、フリマのアプリであるメルカリ等もシェアリングエコノミーと考えられており、衣服等の個人間の「売買」の仲介を行っている。(注2) 海外では、女性用の衣服・アクセサリー・バッグ等の個人間でのレンタルを仲介するプラットフォーマー(Style Lend)も存在する。

②人的資産を対象とする例

シェアリングエコノミーでは、物的資産だけでなく労働力やスキル等の人的資産も取引の対象となる。家事代行、介護、育児、料理などが対象であり、需要者である個人に対して供給者が保有する個人的なスキルを提供する。これらは、P2PあるいはC to C(消費者間)のシェアリングエコノミーである。

加えて、企業が需要者として、フリーランスの個人である供給者に対して各種のデザインやコンピュータのプログラミング等を発注し、供給者のスキルを共有するクラウドソーシング(クラウドワークともいう)も普及しつつある。日本では、クラウドワークスとランサーズが代表的なプラットフォーマーである。例えば、クラウドワークスでは、システム開発、ホームページやアプリの制作、記事やロゴの作成に加えてハードウェアの設計・開発等、約200種類の業務を仲介している。中小企業は、多様なスキルを有する人材を確保することが難しいため、必要な時期に必要なスキルを調達する方法として利用できる。

③物的資産と人的資産を同時に共有する例

物的資産と人的資産を同時に共有するシェアリングエコノミーもある。代表例が自動車のライドシェアであり、供給者の「自家用車（物的資産）」の「運転（人的資産であるスキル）」による他者（需要者）の移動、すなわち「旅客運送」を行う。著名なプラットフォーマーが米国のUber Technologies（以下ではUberと記す）であり、世界的に事業を拡大している。その中心的な事業が、供給者が運転可能な時間に旅行者等の需要者を目的地まで送迎する「UberX」である。供給者であるドライバーは営利目的で活動しており、特にフルタイムで活動する場合には個人自営業者あるいは起業家としての性格を持つ。パートタイムで副業として活動するドライバーも少なくないが、主たる目的が営利であることに変わりはない。

日本では道路運送法によって、一部の例外を除いて自家用車を用いた営利目的のライドシェアは認められていない。このため、Uberの日本法人であるUber Japanは、現状では営利事業としてタクシー・ハイヤーの配車（UberTAXI・UberBLACK）と飲食店の料理の配送（UberEATS）の仲介を行っている。なおUber Japanは公共交通機関が脆弱な地域で、自治体と連携して公共交通空白地有償運送（京都府京丹後市）と非営利のライドシェアの実証実験（北海道中頓別町）を行っている。
ライドシェアの直訳である「相乗り」には、複数の知人が費用を均等割りにして1台の自動車を利用して旅行するなど、暗黙裡に「非営利」、「互助」がイメージされる。プラットフォーマーであるnotteco（ノッテコ）は北海道天塩町と共同で中長距離（天塩－稚内間の約70㎞）の非営利のライドシェア事業を実証実験として実施している。ドライバー（供給者）と同乗者（需要者）がガソリン代や有料道路の料金を一定のルールに基づいて均等割りに近い形で負担する。互助的な性格が強く、ドライバーには個人自営業者としての営利性はない。

（2）普及の背景

①遊休資産活用の動き

（個人の遊休資産の存在）

個人所有の物的・人的資産は遊休化している時間が発生するものが多い。例えば、一定の経済・文化水準に達している国では、所有している全ての衣服を1日の内に着用する個人は想定しがたい。程度の差はあるが、自家用車やその他の物的資産でも同様のことが言え、通常不稼働の時間がある。また、人的資産は自動車の運転等のスキルとして、所有者である個人に化体されている。その個人が趣味やレジャーに使用していなければ、人的資産は遊休化している。

（労働に対するニーズの多様化）

また、現状の賃金水準に満足していない労働者は、所有する人的資産を活用して労働時間外に収入の積み増しをしたいと考える場合がある。加えて、育児期間中の者や年金受給者等、フルタイムでの労働を望まない一部の個人の間では、柔軟性の高い多様な労働形態に対するニーズが高まっている。こうしたこともあり、シェアリングエコノミーの供給者のプールが拡大している。

（サービス価格の高止まり）

一方、日本では利用者の安全確保等を目的として、宿泊業や旅客運送業には業種固有の法規制（業法規制）が適用されるため、既存の事業者は業法規制を遵守するための設備投資や従業員教育に対するコストを負担する必要があることもあり、サービス価格の高止まりを惹起している。このような状況下で、遊休化した資産を活用して類似したサービスを安価に提供するプラットフォーマーが数多く現れている。

②情報通信技術（ICT）の発展

（機能が向上したICTによる需給のマッチング）

シェアリングエコノミーのビジネスモデルの構築にはICTの発展が大きく寄与している。第一に、クラウドコンピューティングの発展とハードウェアの機能向上によって、需要者と供給者のビッグデータを格納できるプラットフォームの構築が可能になった。第二に、人工知能（AI）の発展により、プラットフォーム上で需要者と供給者の間でサービスをマッチングし、取引価格を算出するアルゴリズム（コンピュータで問題を解く手順）が洗練された。第三に、スマートフォン等のモバイル機器の普及によって、需要者と供給者が自らの位置情報、サービス利用の希望条件や決済方法（クレジットカード決済、Alipay等のオンライン決済）等をリアルタイムでどこでも受発信できるようになった。これらのＩＣＴの発展によって、遊休化している資産を所有する個人（供給者）とそれらの資産に対するニーズを有する需要者（通常、個人）の迅速・簡便・低コストでのマッチングが可能となった。

（「相互評価」による当事者間の信頼構築）

ネットオークションのＷｅｂサイトでは、取引終了後に落札された物品の質や出品者の配送措置の丁寧さ・迅速性を落札者が評価する一方、出品者が落札者の代金支払いの迅速性等を評価している。ネット上の取引では、売買の当事者間に面識がない場合が多く「情報の非対称性」（自らが保有する取引相手の情報の質・量が相手に比べて劣る状態）が大きい。このため、取引相手に対する信頼を醸成するために販売者と購入者の相互評価の開示によって情報の非対称性を軽減している。シェアリングエコノミーでも供給者と需要者の間での信頼構築と取引円滑化のために取引終了後「相互評価」が行われ、プラットフォーマーがその情報を開示するとともに、一定以下の評価の供給者や需要者をプラットフォームから排除している。

③規制水準の格差

シェアリングエコノミーによって提供される活動は、適切な規制が存在せず、類似したサービスを提供する既存産業が服している業法規制との間で遵守すべき規制の水準に格差がある場合が多い。このため、シェアリングエコノミーのプラットフォーマーは既存企業より低コストでの事業活動が可能になる場合が少なくない。

(3) 現状

①海外

海外では、資産のバリエーションの拡大とプラットフォーマーの新規参入の増加のために、シェアリングエコノミーが爆発的に拡大している。また、PwCが2014年に実施した調査によると、米国では成人の44%はシェアリングエコノミーをある程度知っており、19%が利用経験を有している。2016年のEC（欧州委員会）の調査によると、欧州では過半数の個人がシェアリングエコノミーを認識している。また、サービスの需要者としてプラットフォームを利用した経験者が17・7%、この内、供給者としてサービスを提供した経験のある者が31・1%に達している（**図表3-1**）。つまり、供給者の経験を持つ者は全体の5・5%（=17・7%×31・1%）と概算される。

②日本

日本の市場規模（既存プラットフォーマーの売上高）は2015年度には約400億円強であったが、2021年度には1,000億円超に拡大すると予測されている（**図表3-2**）。これには、今後市場に参入する新規事業者が考慮されていない。民泊に慣れているインバウンド旅行者

（図表３－１）EU（28か国）のシェアリングエコノミーの利用状況（個人）

①プラットフォームの利用経験（N=14,050）　(%)

①	聞いたことがない	45.8
②	聞いたことはあるが、アクセスしたことはない	35.1
③	1つ以上のプラットフォームにアクセスし、1度だけサービスに対して代金を支払ったことがある	4.1
④	サービスを時々（数か月に1度）利用する	9.3
⑤	サービスを定期的に（少なくとも毎月）利用する	4.3
	その他	0.4
	未回答	0.6
	分からない	0.5
	認識がある（＝②＋③＋④＋⑤）	52.8
	利用経験がある（＝③＋④＋⑤）	17.7
	利用経験がない（＝①＋②）	80.8

②サービス提供の経験（N=2,484）　(%)

	ない	68.3
⑥	1度だけ	8.5
⑦	時々（数か月に1度）	17.9
⑧	定期的に（少なくとも毎月）	4.7
	その他	0.2
	未回答	0.1
	分からない	0.3
	経験がある（=⑥＋⑦＋⑧）	31.1

（資料）European Commission, *Flash Eurobarometer 438 Report: The use of collaborative platforms,* March 2016,(June 2016), retrieved on Sept. 20th, 2017 at https://data.europa.eu/euodp/data/dataset/S2112_438_ENG

の急増や今後の新サービスの誕生も考慮すると潜在的な市場規模は大きいものとみられる。
　ＰｗＣの２０１７年の調査によると、シェアリングエコノミーの「いずれかのサービスを知っている」消費者の比率は30・６％であった。また、全体の８・７％に利用経験があった。内訳を概算すると、「借り手」

（図表３－２）シェアリングエコノミーの国内市場規模

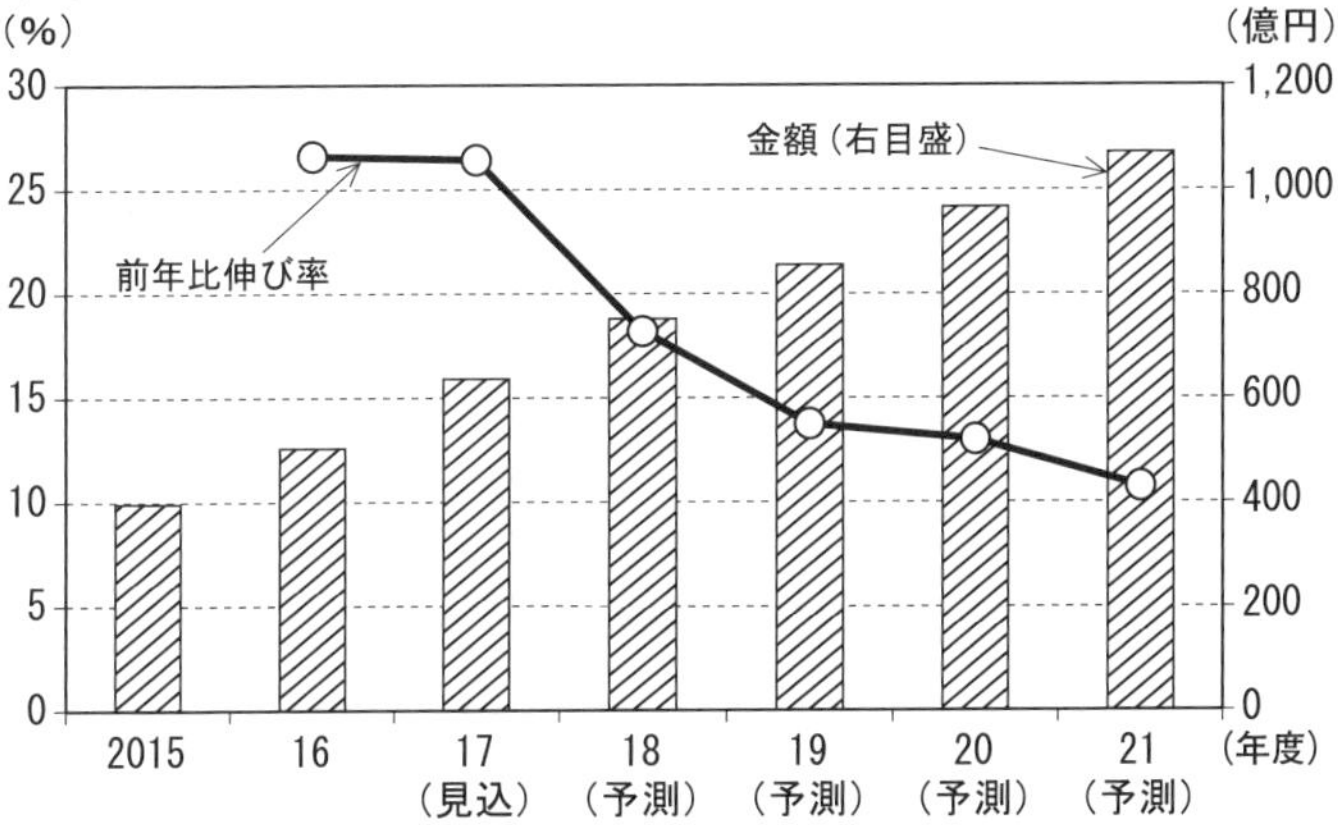

（資料）矢野経済研究所「プレスリリース　シェアリングエコノミー（共有経済）市場に関する調査を実施（2017 年）～民泊新法成立を背景に大手企業の参入が増加～」（2017 年 11 月 15 日）、http://www.yano.co.jp/press/press.php/001763/1560.pdf（2017 年 11 月 16 日閲覧）
（注１）サービス提供事業者(プラットフォーマー)売上高ベース
（注２）本調査におけるシェアリングエコノミーサービスとは「不特定多数の人々がインターネットを介して乗り物・スペース・モノ・ヒト・カネなどを共有できる場を提供するサービス」のことを指す。但し、音楽や映像のような著作物は共有物の対象にしていない。各サービス分野の詳細は、下記の通りである。
・乗り物：カーシェアリングサービスやサイクルシェアリングサービス、ライドシェアサービス等
・スペース：個人宅の宿泊サイト、間借りサイト、オンライン駐車場予約サービス等
・モノ：ファッションシェアリング、オンラインレンタルサービス等
・ヒト：クラウドソーシングサービス、オンラインマッチングサービス等
・カネ：クラウドファンディング、ソーシャルレンディングサービス等

（需要者）の経験者が3・0％、「貸し手」（供給者）の経験者が0・9％、「借り手」と「貸し手」両方の経験者が4・8％である。海外と比較すると、日本ではシェアリングエコノミーの普及が緒に就いたばかりと考えられる。

（4）最近の特徴

①ライドシェアの競争激化

Uberの世界的な展開をきっかけとしてライドシェアは各地域で市場が拡大するとともに競争が激化している。例えば、米国では、Lyft（リフト）がUberと競合関係にあり、両方の供給者として活動する自家用車のドライバーも少なくない。中国では、2015年2月に当時国内首位の嘀嘀打車（ディーディーダーチャー）と第2位の快的打車（クワイディダーチャー）が合併し嘀嘀快的となり、同年9月に滴滴出行（ディーディーチューシン：以下ではDidiと2015記す）に名称を変更した。さらに、Didiは2016年に当時国内第3位だったUberの中国事業を買収し、中国の配車アプリ市場を事実上独占した。東南アジアでは、シンガポールのGrab（グラブ）がマレーシアで設立され、両国及び、インドネシア、フィリピン、ベトナム、ミャンマーでタクシーの配車と一般自動車のライドシェアを行っている。競争激化により、Uberは東南アジアからの撤退を決定した。

②宿泊空間のシェアによる地域活性化

Airbnbを始めとする宿泊空間のシェアリングエコノミーは、従来型の観光産業が提供しにくい宿泊体験を需要者に提供している。近年、日本を訪れるインバウンド旅行者の中には、地方あるいは山村の古民家での宿泊を通じて異文化を体験することを希望する者も少なくない。一方、このような地方・山村では人口減少が顕著で地域社会の衰退が懸念されており、自治体がインバウンド旅行者や都会の若者との交流人口の拡大による活性化を指向することがある。こうした状況の下で、プラットフォーマーによる古民家のマッチングが地域活性化に寄与している。

③BtoBへの拡大

シェアリングエコノミーはプラットフォーマーが仲介するP２PあるいはCtoCの経済活動として認識されてきた。しかし、企業も供給者としてシェアリングエコノミーに参加するケースが増えており、特に、BtoB（企業間）の取引を仲介するプラットフォーマーが現われ、シェアリングエコノミーの概念・範囲が広がっている。

例えば、日本のラクスルは、企業や個人が名刺・年賀状・挨拶状・封筒・伝票等の印刷をネット経由で注文するのを仲介するプラットフォーマーであり、納期を踏まえてラクスルに登録している中小印刷会社の中から最安値を提示する会社にマッチングする模様である。一方、印刷の発注側も中小企業や個人自営業者が少なくないとみられる。このサービスでは、設備・人員の稼働率の上昇によって供給者となる中小規模の印刷業者の生産性の向上につながると考えられる。

海外では、複数のプラットフォーマーが工事業者間でのブルドーザー等の重機、その他の産業機械のレンタルを仲介している。これは、供給者が自社の機械を他社（需要者）にレンタルすることによって、設備稼働率の維持・上昇を企図するシェアリングエコノミーであり、中小企業が需要者と供給者の両者になりうる。

④プラットフォーマーの供給者化

近年、プラットフォーマーが供給者を兼ねるシェアリングエコノミーのサービスが台頭している（供給者型プラットフォーマー）。これは、企業であるプラットフォーマーが直接供給者として需要者に資産をレンタルするものであり、個人の遊休資産の他の個人へのレンタルから始まったシェアリングエコノミーの概念を大きく変質させている。

日本では、例えば、会員となった需要者に一定の会費で女性用の衣服や高級ブランドのバッグをレンタルするプラットフォーマーが現れている。これらの服飾品は、プラットフォーマー自身が管理するものを貸し出している模様である。

海外では、中国で爆発的に拡大しているサイクルシェアのプラットフォーマーであるofoとMobikeも自社で自転車を管理している。Mobikeの場合、自転車メーカーにＧＰＳ機能とＱＲコードを搭載した頑丈な自転車を大量に特注して都市部の様々な場所に配置している。需要者はスマホで会員登録し乗車場所と車体を予約し、乗車場所でＱＲコードを読み取り開錠し、目的地に到着したらＱＲコードで施錠し料金（自転車の種類によって０・５～１元／30分）の支払いをAlipay等のオンライン決済で行い乗り捨てる。プラットフォーマーが乗り捨てられた場所をＧＰ

Sで検知しAIで最適化されたルートを通るトラックで自転車を回収し駐輪場所に再配置している。

❷ シェアリングエコノミーの効果

(1) 経済的効果

①遊休資産の稼働率向上による供給者の生産性向上

シェアリングエコノミーに参入する供給者は、すでに所有している住宅、自動車、あるいはスキルを用いてサービスを提供するため、基本的には物的資産の減価償却費以外のコストを負担する必要がない。特に、物的資産のみを対象とするシェアリングでは、労働力を殆ど必要としないため、個々の供給者は遊休資産の稼働率の引き上げにより高い生産性を実現することができる。

②プラットフォーマーの投資増と対象設備の生産増

サイクルシェアを例にとると、中国では2017年にMobikeとofoがそれぞれ、1,000万台超の自転車を事業に投入した模様である。これは、大規模な設備投資を実施することを意味しており、プラットフォーマーの投資行動がシェアリングエコノミーの対象資産の生産増に寄与している。加えて、プラットフォーマーは自社のプラットフォームの高度化、サービスの拡張に対するICT投資、あるいは自社のビジネスと親和性の高い技術・サービスを吸収するためのM&

Ａ（合併・吸収）投資にも巨額の資金を急ピッチで投入している。

③間接的ネットワーク外部性

なぜプラットフォーマーは巨額の投資を急ピッチで行うのだろうか。シェアリングエコノミーでは特定のプラットフォームの需要者数と供給者数がある閾値を超えると、需要者のネットワークと供給者のネットワークがスパイラル的に拡大する。この現象を「間接的ネットワーク外部性」といい、この結果、需要者と供給者に関する膨大な数の情報すなわち「ビッグデータ」がプラットフォーマーに独占的に集まる。先行したプラットフォーマーはこのビッグデータの解析でサービスを改善し、デファクト・スタンダード（事実上の標準）を握り、独占的地位を確立することができる。独占の結果得られる超過利潤を原資として主たる事業とのシナジーを見込める新規分野に投資し、さらにプラットフォームの優位性を高めることが可能になる。

（2）副次的効果

①環境保護

シェアリングエコノミーは資産の稼働率の上昇を通じて環境保護に寄与する。例えば、nottecoのような乗合型のライドシェアは、目的地までの自動車の乗員を増やし自動車の稼働台数を減らす効果があるため、エネルギーの使用量が減少しCO_2の排出を抑制する効果がある。また、自動車の稼働台数の減少により、生産に必要な金属・樹脂等の原材料やエネルギーも減少する。物的資産を対象とするシェアリングエコノミーには程度の差はあっても同様の効果がある。

②公共サービスの効率化

サイクルシェアや互助的な乗合型のライドシェアは、公共交通網が脆弱な地域では代替的な交通機関として機能する。また、人口減少と高齢化に悩む地方自治体にとっては、経済水準と住民のＱＯＬ（生活の質）の維持・向上のために域外との交流人口を拡大することが政策的課題となっているが、古民家のシェアが対策として機能している。つまり、シェアリングエコノミーは地方財政に負担を掛けずに公共サービスを効率化する手段となりうる。

❸ シェアリングエコノミーが中小企業に及ぼす影響

(1) 個人企業の起業促進

Uberはシンガポールでドライバーを個人自営業者として紹介し、起業の手段としてUberでドライバーになるように勧奨していた。また、クラウドソーシングでは、プログラミングやデザイン等のサービスを供給する「フリーランス」を新型の起業家とみなすことができる。

日本の一般消費者のシェアリングエコノミーに対する意識等をみると（図表３‐３①）、保有する遊休資産（場所・モノ・乗り物・サービス等）を、「提供したことがあり、今後も提供したい」とする比率が４・９％、「提供したことはないが、今後提供を検討したい」が19・０％であり、シェアリングエコノミーの供給者になることについて肯定的な認識を持つ消費者が約4分の1を占めている。

このような認識を持つ理由をみると（**図表3・3②**）、「遊休資産を有効活用することで、収入が得られるから」という営利目的が首位である。ここから、シェアリングエコノミーで主たる収入を稼得している者を「起業家」とみることができる。ただ、シェアリングエコノミーの収入だけで家計を維持することは容易ではないため、「副業」として供給者となるケースが少なくないだろう。

（図表3－3）一般消費者のシェアリングエコノミーに対する意識等

①シェアリング･エコノミーを通して自身が保有する遊休資産（場所・モノ・乗り物・サービス等）を提供してみたい、あるいは今後も提供したいか
(N=2,784)

（%）

提供したことがあり、今後も提供したい	4.9
提供したことはないが、今後提供を検討したい	19.0
提供したことがあるが、今後は提供したくない	3.1
提供したことがないし、今後も提供を検討するつもりはない	73.1

②モノやサービス等の提供者側の観点で、シェアリング・エコノミーを今後も利用したい、あるいは今後利用してみたいと考える理由（N=644、複数回答）

（%）

遊休資産を有効活用することで、収入が得られるから	45.9
必要な人にモノやサービスを提供することにより、社会に役立つことができるから	43.7
シェアに際しての人との交流が楽しそうだから	23.8
環境にやさしいから	16.4
その他	2.7

（資料）野村総合研究所(経済産業省委託)「中小企業・小規模事業者の成長に向けた事業戦略等に関する調査に係る委託事業　事業報告書」(2017年3月)、http://www.meti.go.jp/meti_lib/report/H28FY/000224.pdf（2017年9月15日閲覧）

（注）本図表のWebアンケート調査の実施時期は2016年12月、回収数は4,006

フランスでは、「副業」での起業を奨励していることに鑑みると、日本で「働き方改革」の政策的課題の一つとなっている副業禁止の雇用慣行の見直しは、創業促進政策としても捉えることができ、シェアリングエコノミーが副業での起業のドライバーとなる可能性があると考えられる。

(2) 既存中小企業に及ぼす影響

シェアリングエコノミーは類似したサービスを提供する既存企業、特に中小企業に大きな影響を及ぼす。例えば、自動車のライドシェアが普及している米国では地場大手のタクシー会社がUberやLyftとの競争激化を一因として破産に追い込まれた。その一方で、老舗タクシー会社がタクシー専用の配車アプリを開発し、プラットフォーマーに対抗している。ここから、対抗策を講じて生産性を引き上げないと、既存企業は苦境に陥る可能性が高まることが分かる。

(3) 中小企業の認識

シェアリングエコノミーを「知らない」中小企業が多い（図表3-

（図表3－4）シェアリング・エコノミーに対する企業の認知状況（N=3,569）

（%）

1．知っており、既に活用している	0.9
2．知っているが、活用はしていない	27.7
3．知らない	71.3

（資料）図表3－3に同じ
（注1）対象は、中小企業20,000社、大企業50,000社。有効回答3,766社（資本金を回答した3,707社の内、89.5%が3億円以下）
（注2）四捨五入の関係上、比率の合計が100にならない

4）。ただ、シェアリングエコノミーを「知っており、既に活用している」中小企業の活(注3)用状況をみると（図表3－5）、供給者やプラットフォーマーに比べると需要者として利用のハードルが低いとの結果が出ている。さらに、シェアリングエコノミーの活用による効果をみると、「コストの削減」「利益の増加」「売上高の増加」など生産性に好影響を与える項目が上がって

（図表３－５）シェアリングエコノミーの活用状況（N＝32、複数回答）

（%）

1．プラットフォーム提供者（プラットフォーマー）として、シェアリングエコノミーのサービスを提供している	21.9
2．シェアリングエコノミーを通して、保有する遊休資産を提供している	28.1
3．シェアリングエコノミーを通して、場所・乗り物・モノ・サービス等を利用している	56.3

（資料）図表3－3に同じ
（注1）図表3－4に同じ
（注2）本図表の回答対象は、図表3－4で「1．知っており、既に活用している」と回答した企業

（図表３－６）シェアリングエコノミーの活用による効果（複数回答）

①定性面（N=30）	（%）
1 コストの削減	60.0
2 新たな収益源の創出	36.7
3 遊休資産の利活用	36.7
4 新事業展開の実現	33.3
5 新規顧客・販路の獲得	33.3
6 その他	10.0
7 特に効果はない	0.0

②定量面（N=28）	（%）
1 利益の増加	57.1
2 売上高の増加	42.9
3 雇用の増加	10.7
4 その他	14.3
5 特に効果はない	14.3

（資料）図表3－3に同じ
（注1）図表3－4に同じ
（注2）本図表の回答対象は、図表3－4で「1．知っており、既に活用している」と回答した企業

いる（図表3－6）。

シェアリングエコノミーを「知っており、既に活用している」「知っているが、活用はしていない」中小企業に対して、活用における課題を尋ねたところ、プラットフォームの提供者からは、「ビジネスモデルの構築が難しい」との回答が最も多かった（図表3－7）。保有する資産の提供者からは、「面識のない相手とのやりとりに不安を感じる」「遊休資産を管理・保全するための手間やコスト負担を大きい」の割合が高く、場所・モノ・サービス等の利用者からは、「面識のない相手とのやりとりに不安を感じる」との回答が最も多

（図表3－7）シェアリングエコノミーの活用における課題
（上位２項目：複数回答）　（%）

①共通の課題（N=817）		
1	事業を進めるための技術・ノウハウを持った人材が不足している	64.1
2	ルールが明確でなく、参入しづらい	27.1
②プラットフォームの提供者としての課題（N=786）		
1	ビジネスモデルの構築が難しい	67.3
2	利用者の安全性を担保するための配慮や取組みが必要となる	31.8
③保有する遊休資産（場所・モノ・サービス等）の提供者としての課題（N=766）		
1	面識のない相手とのやりとりに不安を感じる	40.6
2	遊休資産を管理・保全するための手間やコスト負担が大きい	40.5
④場所・モノ・サービス等の利用者としての課題（N=762）		
1	面識のない相手とのやりとりに不安を感じる	54.6
2	自身が利用する場所・モノ・サービス等の品質が不安に感じる	49.3

（資料）図表3－3に同じ
（注1）図表3－4に同じ
（注2）本図表の回答対象は、図表3－4で「1．知っており、既に活用している」、「2．知っているが、活用はしていない」と回答した企業

かった。3者の共通の課題としては、「事業を進めるための技術・ノウハウを持った人材が不足している」との回答割合が最も高かった。

❹ ケーススタディ

ケーススタディとして、「軒先株式会社」（以下、「軒先」と記す）の事業を取り上げる。初めに、シェアリングエコノミーのプラットフォーマーである当社が運営する軒先パーキングと軒先ビジネスについて紹介する。次に、軒先パーキングの供給者である「コーヒーテラス友輪」「株式会社ヤマグチ」、軒先ビジネスの供給者である「かすかべ湯元温泉」「A社」について取り上げる。最後に、軒先ビジネスの需要者である「無形工房Kochen」「Sugiwagon」について述べる。

(1) プラットフォーマー

事例g　軒先株式会社(注4)

設　立　2009年4月（創業：2008年4月）
資本金　1億8、775万円（内、安定株主（役員等）6割、事業法人3割、他）
所在地　東京都千代田区
従業員数　10名（内、営業4名、顧客サポート2名、市場・価格データ分析1名、他）
事業内容　①1日単位の店舗開設スペース（約2、500箇所）の検索・予約サイト「軒先ビジネス」の運営、②シェア型パーキングサービス「軒先パーキング」の運営（約4、000箇所）、③保険代理事業

1．沿革

2008年4月に「軒先.com」を立ち上げ現在の「軒先ビジネス」を開始、2009年4月に法人化。2012年に「軒先パーキング」を開始。2016年6月に株式会社ガイアックスより出資受入。2017年8月、総務省の「IoTサービス創出支援事業」の一環である「シェアリングエコノミー型九州周遊観光サービスモデル事業」の実証実験に参画。同年11月、アパマングループから出資を受け入れるとともに業務提携契約を締結。同年12月、静岡ガス株式会社と業務提携し、軒先パーキングのシステムをOEM提供して「SHIZGAS エネリア

パーキング powered by 軒先」を開始。

2. シェアリングエコノミー事業化の端緒

西浦社長は、育児をしながら仕事を続けるために、大手電機メーカー在職時に駐在した経験のあるチリの雑貨・鍮製食器をネット販売しようと考えた。そのためのテストマーケティングの場として、短い期間リーズナブルなコストで借りることのできる実店舗を探したが、空き店舗は多数あるものの賃料が高く条件に合致する物件が見つからなかった。この経験から、短期・低コストで店舗を開設できる「スペース」に対する需要と供給との間にミスマッチがあることに気付いた。そこで、店舗として利用可能な様々な遊休スペースの需給のマッチングサイトである「軒先.com」を２００８年に立ち上げ、創業した。

現在、「軒先.com」（URL：https://www.nokisaki.com/）は、軒先の企業Ｗｅｂのトップページと「軒先ビジネス」あるいは「軒先パーキング」のＷｅｂページへと誘導するポータルサイトとして機能している。

空き店舗等の余剰スペースの所有者・管理者である「ホスト」（供給者：そのスペースをレンタルする）と物件数の登録が順調に増加するとともに、利用者からの反響が大きかったことから、２００９年に法人化し現社名とした。

3．事業の概要

（1）軒先ビジネス

先ず、「ホスト」としての登録を受け、「軒先ビジネス」のWeb上でレンタル料金やその他の使用条件等の情報を開示する。一方、レンタルを希望する「利用者」（需要者）も会員登録し、Web上で開示されたレンタルの条件を閲覧し申し込むと、マッチングが行われる。

レンタル料は、近隣で開催されるイベントの開催状況や時間帯等を軒先が分析した結果を基に提案する「適正価格」、いわば「時価」を踏まえて、ホストが最終的に決定し、マッチングが成立した場合、軒先がレンタル料を利用者から受け取り、一部をシステム手数料として差し引いた上でホストに支払う。

ホストにとってのメリットは、利用者から受け取るレンタル料による収入増が期待できることである。例えば、製造業者の場合、休日には不稼働になる敷地を軒先ビジネスや後述の軒先パーキングによって有効利用することができる。また、レンタル料という収入の増加だけでなく、本業の売り上げ増加にも寄与する場合がある。例えば、書店、レンタルCD・DVD店、ドラッグストア、カー用品店等がホストとして、キッチンカーで弁当等を販売する利用者に自店舗の駐車場の一部をレンタルすることによって、集客増というシナジー効果が期待される。

一方、利用者にとってのメリットは低コストでポップアップストア（数日あるいは数週間といった短期間だけ営業する店舗）を開設できることである。

軒先ビジネスの登録スペースは現在、北海道から九州にまで及び、その件数は約2,500件であり、登録利用者数は約4,000先である。

（2）軒先パーキング

2012年には、新事業として「軒先パーキング」を開始した。基本的な仕組みは軒先ビジネスと同じで、マッチングする対象を駐車場とするものである。ホストにとってのメリットは自らが使用しない時間帯に駐車場をレンタルすることによって、資産の稼働率の引き上げが可能になることである。利用者にとってのメリットは、例えば、商用車でルートセールスを行うセールスパーソンが顧客訪問時に駐車するスペースを予約できるようになり、駐車場探しに費やしていた時間が不要となり、所属する企業の営業活動の効率性が高まることである。これらの結果、供給者・需要者両者の生産性が向上するとともに、駐車場探しの時間の減少により、道路の混雑、交通事故のリスク、排気ガスによる大気汚染といった社会的課題の緩和にも寄与している。

現在、軒先パーキングの登録駐車場の物件数は約4,000件、登録利用者数は17万人に上る。

4．事業の特徴

軒先のビジネスモデルの特徴は、第一に供給可能な軒先スペースと駐車場の登録物件の確保が重要なことである。このため、空き店舗だけではなく、従来はデッド・スペースとなっていた駅前店舗の入口の脇や大型商業施設内のエスカレーター乗降口の周辺を営業担当者が探し出し、所有者等に登録を促している。また、営業担当の4名の従業員が新しいホストを開拓するために、立地とイベントの開催状況を踏まえて決定した重点地域でローラーセールスやポスティングを行っている。近年は駐車場の登録数の増加に力を注いでいるため、大手の駐車場運営会社や不動産関連企業との業務提携にも積極的に取り組んでいる。

第二に、ホストに提案する「適正価格」の設定である。現在は専従の担当者が全国の主要都市のイベントの開催状況やホストの周辺のコインパーキング等の料金を調べて価格を設定している。例えば、知名度が低くてもコアなファン層を有するミュージシャンが行う公演には遠隔地からも多くのファンが集まるため、会場周辺の駐車場は通常時に比べて格段に高い価格でも利用される。このような状況に柔軟に対応できる価格設定が軒先に対するホストからの信頼確保にとって重要である。

第三に、競争力の源泉としてホストへの助言・提案を重視している。例えば、これまでの経験・情報の蓄積を基に、日中はポップアップストア、夜間は駐車場と時間帯に応じて登録スペースを使い分けることによって、従来以上に稼働率を引き上げるプランをホストに提案している。なお、他のプラットフォーマーとの契約を禁じていないが、ダブルブッキングが発生した場合の責任はホストが負うこととしている。

第四に、ホストと利用者の間の信頼関係についてである。シェアリングエコノミーでは信頼関係構築のために相互評価が用いられることが多いが、軒先のビジネスではその必要性を感じない。例えば、ごみの持ち帰りや清掃を利用条件として付すこともでき、利用者がホストに故意に迷惑をかけるなどのトラブルを起こすリスクが極めて低いからである。ただ、ホストの機材や建造物を過失で破損する可能性はあるので、軒先が保険代理業を行い施設賠償保険の保険料を軒先ビジネスのレンタル料金に含めている（もちろん、利用者には保険料が含まれることを知らせている）。

第五に、起業家が育ちやすい社会作りに貢献していることである。例えば、軒先ビジネスを通じて、起業家は低いリスクでポップアップストアによる起業が可能になる。軒先ビジネスの登録利用者約4、000先の内訳をみると、個人自営業者と中小規模の法人が殆どを占め、法人と個人の比率は9対1であり、創業したばかりの「起業家」と言える自営業者が少なくない。[注5]一方、登録中のホストは約1、000先で大手法人、中小規模の法人と個人に3分するといずれも3分の1程度であり、大手法人には大手の書店やドラッグストアが含まれる。

第六に、不動産業としての許認可が不要なことも、軒先のビジネスの特徴である。[注6]

5．軒先に対する評価

軒先の革新的なビジネスモデルは創業当初から注目を集め、2009年にはベンチャーフェアJapan2009（中小企業基盤整備機構主催）の「最優秀賞」[注7]、及びドリームゲートグランプリ

2009の「革新的ビジネス大賞」を受賞するなど、高い評価を受けてきた。加えて、軒先パーキングを開始した2012年には、第3回日本起業家大賞（The Entrepreneur Awards Japan：TEAJ）[注8]のパイオニア賞を受賞した。さらに、2015年にはECO JAPAN CUP 2014（エコジャパン官民連携協働推進協議会[注9]主催）で「環境ビジネスベンチャーオープン」を受賞し、環境問題という社会的課題の緩和・解消に貢献する革新的な企業であるとの評価を確立している。

6．今後の経営戦略

（1）登録物件数の増加

総務省の「IoTサービス創出支援事業」の一環として九州周遊観光活性化コンソーシアムを実施主体とする「シェアリングエコノミー型九州周遊観光サービスモデル事業」が2017年11月に開始された。当社はこの実証実験に2016年6月に軒先に資本参加した株式会社ガイアックスとともに参画している。[注10]これは、軒先パーキングのシステムを用いて、熊本・阿蘇の道の駅や長崎の島原城等の施設の不稼働時間帯に、車で九州を周遊観光する利用者が施設の駐車場（電源を使用可能）に車内泊する仕組み（名称：「手ぶらで車泊（くるまはく）」）である。[注11]

また、2017年11月には株式会社アパマンショップホールディングスの100％子会社であるApaman Property株式会社が軒先に資本参加し業務提携を行った。業務提携の第一弾としてアパマングループで管理を受託している駐車場の内、空き区画を軒先パーキングとして登録した。今後、全国のアパマンショップのFC店で管理する賃貸物件に付帯する駐車場及び月極駐車場の空き区画の登録を順次進める予定である。

さらに同年12月には、静岡ガス株式会社と業務提携し、軒先パーキングのシステムをOEM提供して「SHIZGAS エネリアパーキング powered by 軒先」を開始した。これらを始めとして、駐車場シェアリングサービスを新規に開始したい事業会社等を対象に、軒先パーキングのシステムをOEM等で提供していく方針である。

（2）価格設定と提案機能の高度化

現状では、ホストからの収入増加に対する感謝の声が多く、軒先ビジネスと軒先パーキングのサービスは信頼を高めている。こうした信頼感の拠り所は軒先がホストに提案するレンタル料金の「適正性」であるため、価格設定の精緻化・高度化に対するホストの期待が大きい。このため、蓄積した各種のデータを基にして、AIを用いて需給状況に応じて価格を変動させるダイナミックプライシングを低コストで導入することが今後の課題である。ダイナミックプライシングでは、ICTを利用するケースが多いが、ICTで全てを決めることは難しいこともありえる。特に、軒先ビジネスと軒先パーキングを組み合わせて行うホストへの提案には、人による判断を併用することが必要ではないかと考えている。

（3）新分野への進出

軒先が事業を通じて担っているミッションは、軒先ビジネスによる起業家の支援と軒先パーキングによる環境問題の緩和という社会的課題への対応である。これが、軒先ビジネスと軒先パーキングの相乗効果を狙った提案のようなホストに対するコンサルティング的機能と相俟って、競合他社との差別化に寄与している。しかし、差別化を一段と鮮明にする対策として、コンサルティングの強化・充実が必要と考えている。このため、これまでの経験を活かし新たなシナジー効果を産み出すことができる新分野への進出を検討しており、新分野進出を通じて何らかの社会的課題の解決にも貢献したい。

7．シェアリングエコノミー全般の展望

（1）シェアリングエコノミーの拡大

人口減少、財政状況、環境問題を考慮すると、日本では新しい箱物を作る余裕はなくスモールシティ化が必要と考えられるため、現存の資産の有効活用がますます重要になる。また、2020年の東京オリンピック・パラリンピックに向けてシェアリングエコノミーに慣れている海外からの訪日客の増加が見込まれる。この結果、シェアリングエコノミーは必然的に拡大し、ごく普通のことになると考えられる。その過程で、「シェアリングエコノミー」という特別な意味を持つ用語は使われなくなるだろう。

（2）プラットフォーマーの責任

シェアリングエコノミーにおいて、資産の供給者はプラットフォーマーの従業員ではないため、受け取ったレンタル料から所得税の源泉徴収を行う責任はプラットフォーマーにはない。しかし、今後シェアリングエコノミーの拡大に伴い納税に対する意識付け・周知を供給者に行うことがプラットフォーマーの責任になる可能性が高い。この場合、供給者の納税意識を高めるインセンティブとして、適正な納税に対する税制優遇措置等があると供給者に周知しやすくなると考えられる（取材日：2017年11月24日）。

(2) 供給者（軒先パーキング）
事例h　コーヒーテラス　友輪（ゆうりん）(注12)

創　業　約50年前　所在地　愛知県名古屋市南区
事業内容　喫茶店

1．軒先パーキングのホスト登録の契機

当店は、日本ガイシホール（名古屋市総合体育館。以下では、「ホール」と略す）から徒歩約4分の幹線道路沿いに所在している。創業した親類から約40年前に経営を引き継ぎ現在に至っている。かつては、午後9時まで営業していたが、現在はモーニングサービスあるいは昼食を目的とする常連客が殆どであるため、午後5時に閉店している。

軒先パーキングを知ったのは、3～4年前のポスティングがきっかけであり、夜間に空いている5台分の駐車場を有効利用できないかと考え登録した。

2．運用状況

ホールでコンサート等のイベントがあるときには、思いのほか駐車場が埋まる。これは、終演後出車に約1時間を要するホールの駐車場利用を避ける来客が少なくないためではないかと思われる。富山や静岡といった遠隔地のナンバーの車も珍しくない。確実に駐車スペースを確保したい利用者が予約しており、リピーターも少なくない。

当初は、ホールでのコンサートの予定を事前にチェックして料金を調整していたが、現在は手間を掛けたくないので2、000円に決めている。提供する時間は、月曜日（定休日）は終日、その他の曜日は午後5時〜午後11時59分までとしているが、コンサートの開演時刻次第では、利用開始時刻を17時よりも早めることもある。

駐車場は、観客のターゲットが30〜40歳代であるコンサートの時に、良く利用される。一方、未成年が主たる観客となる公演の場合は埋まらない。この世代は電車等の公共交通機関(注13)を利用するためと思われる。

利用者の年齢層が比較的高く、きちんとしている人が多くトラブルはない。

3．評価

軒先は、スマホで簡単にできるこのようなサービスをよく考え付いたと感心している。喫茶店の収入に軒先パーキングの副収入がプラスされメリットを感じている。因みに、近隣の飲食店の利用者が間違えて当店の駐車場に駐車しようとしている時に、「貸しているので移動してください」と言いやすくなった（取材日：2018年1月19日）。

事例i　株式会社ヤマグチ(注14)

設　　立　1974年（創業：1957年）　資 本 金　1、000万円
所 在 地　愛知県名古屋市南区　従業員数　15名
事業内容　自動車業界向け産業機器、メカトロパーツ、機械工具商社

1．軒先パーキングのホスト登録の契機

当社は、日本ガイシホール（名古屋市総合体育館。以下では、「ホール」と略す）から徒歩約5分に所在している。リーマンショック級の異変があっても経営が揺るがないように、子会社も含めて事業を多角化している。新事業は本業が疎かにならないように、アパート、太陽光発電、コインパーキングといったあまり手間のかからないものに限定している。

こうした中、営業担当者の通勤に社用車の使用を認めており、本社の駐車場は土日には利用されていないため、有効利用を検討していた。野球等のイベント開催時に名古屋ドームの周辺で一般の民家が空きスペースを駐車場として短時間賃貸していることを知り、同様のことができないか考えていたところ、社長が軒先パーキングを見つけ2013年12月に登録した。

2．運用状況

社用車が出入りしない土日に軒先パーキングで運用している。受入台数は当初14台で始め、

その後駐車場の拡充で現在は21台となっている。２０１８年１月７日の著名なアーティストの公演では21台分がフルに稼働した。料金は、ホールでの公演予定を考慮して、終日の利用１、０００円から２、０００円の間で調整している。21台というまとまった台数を提供しているため、利用者の記憶に残りやすいと考えられる。利用者はコンサートにしばしば来場し、駐車場の「予約」による時間的メリットを重視しており、開演ぎりぎりに来場し、終演後周辺の交通渋滞に巻き込まれたくない人と思われる。このため、周辺の予約ができないコインパーキングと併存できているのであろう。

これまでトラブルはない。しかし、①場所が分からない、あるいは②予定の場所に他の車が止まっている、との照会が入ることがある。このようなことは事前に想定されていたので対応策を準備していた。私が第一連絡先となって、駐車場に設置した監視カメラをＷｅｂ経由で見て対応している。①に対しては電話で道案内し、②については空いている駐車スペースに止めるよう案内している。

３．評価

当社の業容からすると軒先パーキングからの収入は僅かではあるが、利用していない時に駐車場から収入を得ることができる上に、頻繁に車が出入りするため無断駐車がなくなるというメリットがあった（取材日：２０１８年１月19日）。

（3）供給者（軒先ビジネス）
事例j　かすかべ湯元温泉（注15）

開　業　1996年　資本金　6、000万円（東武食品サービス株式会社）
所在地　埼玉県春日部市　従業員数　140名（かすかべ湯元温泉）
事業内容　温浴施設、施設での飲食・小売等

1．軒先ビジネスのホスト登録の契機

当館は、屋内プールやフィットネスジム、飲食・商業施設等を備える大規模温浴施設である。この施設は、オーナーが約30年前に発見した温泉を利用して1996年に個人で開業した。その後、オーナーの高齢化に伴い、食堂を委託されていた東武食品サービス株式会社が2007年に従業員を含めて経営を引き継ぎ、現在は同社が展開するスパリゾート施設として営業している。年中無休で、自動車で来店する30キロ圏内の居住者を中心に来店客は年間36万人（1日平均1、000人）に及ぶ。当館は、飲食店や小売業者との間で館内スペースでの営業委託の契約を自社で直接することもあるが、館内の店舗を多様化したいと考えていた。こうした状況下、支配人が他の温浴施設の経営陣と交流する中で軒先ビジネスの存在を知ったことをきっかけとして5年ほど前にホストとして登録した。

2. 運用状況

現在、館内の3ヵ所（1階の玄関すぐ横1ヵ所、2階のデッドスペース2ヵ所）で軒先ビジネスの利用者を受け入れている。電源の使用を認めており、料金は消費税込みで1階が1日5、400円、2階が同3、240円である。試供品を頒布・提供する大手化粧品会社の利用が目立つ。これは、来店客を居住地周辺の化粧品店に誘導するためのテストマーケティングの性格を帯びたものと考えられる。この他、当館が直接委託している飲食店等と競合しなければ食品の販売業者にスペースを貸すこともある。1ヵ月間で約5日程度利用されている。

これまで、軒先が仲介した利用者との間でトラブルが起きたことはない。利用者は問題のない事業者ばかりなので軒先の仲介に対する信頼度は高い。

3. 評価

軒先の仲介を受けるメリットは、利用者との契約締結が不要であることと、料金回収の確実性である。基本的には、温浴事業や直接委託している事業者の営業に差し障りがないものを受け入れたい。従って、他の委託店舗と競合するもの、火気を使用するもの、強い匂いを発するものの受け入れは避けている。今後については、例えば土産用の雑貨のような商材を扱う利用者の受け入れが考えられる（取材日：2018年1月24日）。

事例k　A社

所在地　東京都新宿区
事業内容　不動産賃貸業

1．軒先ビジネスのホスト登録の契機

当社は、東京都心を中心に首都圏での不動産賃貸を中核的事業としている。西荻窪駅前のビルの遊休スペースの活用策として、物販業者への短期間のレンタルを検討したが、どのような契約条件とすべきか等を始めとして、当社にはノウハウがなかった。こうした中、２０１２年頃に軒先の西浦社長に関するマスメディアの報道に接した。当時、日本ではシェアリングエコノミーは一般化していなかったが、同社のビジネスに女性ならではの目線を基にした斬新な「気づき」があると考えた。そこで、当社からアクセスしたところ、契約に関する様々なノウハウと優れたリスク管理のスキルを同社が有していることが分かったことから軒先ビジネスのホストとして登録した。

2．運用状況

当初は、関内駅前のビルと都内の２つのビルの遊休スペースや空室について軒先ビジネスに登録し、あわせて都内の50台収容の駐車場の空きスペースについて軒先パーキングのホストとしても登録した。主たる目的は遊休資産の有効活用による収入の増加であるが、賃貸物件の建て替えや再開発を睨んだ所在エリアの認知度向上も副次的な目的である。その後、都内の2つのビルは老朽化による建て替えやテナントの入居などのため軒先ビジネスには提供しておらず、駐車場だった土地にはテナントビルを建築したので軒先パーキングには提供していない。

横浜市役所本庁舎に隣接している関内駅前のビルでは現在も軒先ビジネスのホストとして登録している。1階の屋外スペース約10㎡で利用者を受け入れており、電源は利用できないものの発電機の使用を認めている。レンタル料金は軒先が仲介している近隣のスペースを参考にして1日（午前10時30分～午後6時）で4，000円に設定している。利用者が使用時間の延長を希望する場合には、軒先ビジネスのWebで料金を上乗せしてレンタルの条件を提示している。主な利用者は市職員の昼食需要をターゲットとする軽食等のキッチンカーである。稼働状況は平均すると1ヵ月に5日程度であるが、横浜スタジアムにも近いので、野球やコンサート等のイベントがある時にはよく利用される。

なお、これまで軒先ビジネスや軒先パーキングに関連したトラブルが発生したことはない。

3．評価

軒先ビジネスにホストとして登録するメリットは、例えば、利用者による建物の破損等を補償する保険の契約やキッチンカーの飲食業者の保健所への届出確認を軒先が行っているため、当社は大きな手間を掛けずにリスクを回避して利用者と取引ができることである。加えて、利用者との料金交渉を軒先ビジネスのＷｅｂ上で行うため、双方に感情面のしこりが残らないこともメリットである（取材日：２０１８年１月30日）。

（4）需要者（軒先ビジネス）

事例Ｉ　無形工房Ｋｏｃｈｅｎ（注16）

創　業　２００８年　所在地　東京都品川区
事業内容　キッチンカーによるランチ移動販売、ロケ弁・イベント出店、新規開業相談・メニュー開発提供、ランチ販売用地開発・運営管理他

1.軒先ビジネス利用登録の契機

私は静岡出身で以前は大工だったが、かつて2万5千円だった東京でのマンション工事の日給が1万3千～1万4千円に低下する中、経費削減を目的としてゼネコンの1次請負業者が若い職人を直接育成するシステムを構築したこと等もあり、この業界では満足な収入を得ることが難しいと考えた。工事現場ではキッチンカーで昼食を購入する大工等の職人が多かったことに着想を得て、キッチンカーによる移動販売に転業することにした。開業時にネットで営業場所を探す過程で軒先ビジネスを知り、利用者として登録した。

2.軒先との関係

軒先から様々な場所の紹介を受けたが、現在は毎週水曜日に東京都江東区青海のオフィスビルthe SOHOの敷地を営業場所として仲介を受けている。十勝豚めしを主力商品として、その

他にバジルチキン、サーロインステーキ、上牛タンステーキ、照り焼きチキン等の弁当を1日120食販売している。1日70食販売すると経営が安定する。

また、軒先とは様々な面で協力関係にある。第一に、新しい出店場所を軒先が開拓すると、その場所がキッチンカーにとって有望な場所となるようにテスト販売を行っている。キッチンカーの事業が上手くいくためには、出店する「場所を育てる」ことが重要である。具体的には、質の高いキッチンカーを集めないと、その場所は「不味い」「遅い」といった悪い評判が広まり、集客が難しい場所になってしまう。そこで、一定水準以上のスキル・経験を持ち自分と異なる料理のキッチンカーとともに一定期間その場所で営業し、その「場所を育てて」評判を引き上げている。これによって、キッチンカーだけでなく軒先もメリットを受けている。

第二に、2017年に始まった、日本ユニシス株式会社のHOTRICO（ホットリコ）運営事務局が主催し、軒先と株式会社リンクサポーターズが共催する「キッチンカーセミナー」で「移動販売事業で成功するためのテクニック」について講師として起業家候補への研修を行っている。

キッチンカーを開業する者の多くは将来自分の店を持つための練習と考えているが、その経営はそれほど簡単ではない。オフィス街で600~800円台程度で費用対効果の高い昼食を求める顧客のニーズを満たすには、以下のような点が重要である。

①料理の見た目と美味しさ。価格を抑えるために業務用精米を使用すると顧客が感じる費用対

効果が低下する可能性がある。また、顧客よりも上手に作る必要がある。

②調理のスピード。昼休みは1時間程度しかないので、顧客を待たせるとその「場所」の評判が落ちる。

③パフォーマンスとしての調理。その場での調理をみることを楽しむ顧客もいる。

④自分だけでなく、他のキッチンカーも一定水準以上の品質を備えていないと、その場所の評判が落ちる。

⑤他のキッチンカーと料理が重複しない。

⑥HOTRICO等、ネットでの料理や出店場所の宣伝。

また、経営感覚も必要である。例えば、キッチンカーの改造等の費用に対するコスト意識、および食材の原価・在庫管理といったスキルが求められる。加えて、土日に開催されるイベントに出店する者が多いが、キッチンカーからの出店料を目当てとする事業性の乏しいイベントを開催する者もおり、リスク感覚も不可欠である。

3. 評価

軒先ビジネスを利用する最大のメリットは、少ないコストで初心者が気軽に出店できることである。しかし、開業してしっかりとした弁当を作れるようになる者は6割、その内、上記の条件を全て満たして事業が成り立つのは3割であり、開業者全体の約2割しか生き残れない。

そこで、現在は、前述のセミナーでの講師や新規開業相談・メニュー開発提供などを通じてキッチンカーで起業しようとする者の育成に力を入れている。この点では軒先やＨＯＴＲＩＣＯ等と今後も連携していきたいと考えている（取材日：２０１８年１月22日）

事例m　Sugiwagon（スギワゴン）（注17）

創　　業　2014年　　所在地　千葉県浦安市
事業内容　キッチンカーによるランチ移動販売、ロケ弁・イベント出店

1．軒先ビジネス利用登録の契機

私は元々、ホテルの専門学校の料飲部門（ウェイター養成）で勉強をしており、オーストラリアでワーキングホリデーを経験したことや石垣島のホテルで働いたことなどから、料理人として働きたいと考えるようになった。その後、沖縄本島で調理師免許を取得し、東京の著名なイタリアンレストランや千葉県のエスニックレストランで調理師として働くなど、様々な料理のスキルを磨くうちに独立を考えた。しかし、立地条件の良い場所で固定店舗を開設すると初期投資が多額になりリスクが高いことがネックとなっていた。こうした折りに、キッチンカーの事業者と知己のある友人から、商材によってはキッチンカーの経営は有望であるとの情報を得た。自らもいろいろと調べ固定店舗よりも初期投資が少なく済むこともあり2014年10月にキッチンカーによる移動販売で独立開業した。

2．利用内容

開業時に販売場所をネットで探す過程で軒先を知り、軒先ビジネスを利用することにした。

軒先からは、東京都江東区青海にあるベンチャー企業や起業家向けのオフィスビルthe SOHOの敷地の仲介を受け、毎週木曜日に営業している。春夏には1日に80～90食を、秋冬には50～60食を販売している。当初は７００円均一の３種類の弁当を販売していたが、現在は顧客の価格に対する多様な指向に合わせるために価格帯を５００円から１、０００円に広げて牛タン丼やビビンバ丼等、20種類の弁当を販売している。客単価は、他の営業場所を含めた全体では７２０円であるが、軒先から仲介を受けた場所は他より若干高い。

3．評価

販売数量をある程度予測できるようになってきたので、軒先のような固定料金だと収益を計算しやすい。この点が軒先ビジネスの大きなメリットである。今後は千葉県浦安市に自宅兼店舗を建て、配偶者が店舗での弁当販売を担当し、私はキッチンカーでの販売を続けることを考えている。このため、軒先には今後も集客に適した「場所」の開拓を期待している（取材日：２０１８年1月25日）。

5 シェアリングエコノミーと中小企業の生産性向上

(1) シェアリングエコノミーの課題と今後の方向性

シェアリングエコノミーはメリットだけでなく様々な課題も内包しており、その改善の必要性が世界的に議論されている。課題の改善策により前提とする経営環境が変化し、シェアリングエコノミーに関与する中小企業が負担するコストが上昇し、目標とする生産性向上が阻害される可能性がある。そこで、以下では特に重要な課題と今後の方向性について論じる。

①相互評価で排除しきれない損害・弊害

自動車のライドシェアや民泊などにおいて供給者による犯罪や人種差別的行為が発生すると、被害者は重篤な損害を余儀なくされる。通常、この損害は、発生確率が極めて低いため相互評価によって完全に排除することはできない。また、シェアリングエコノミーの取引の当事者ではない第三者への損害という形態でも弊害が発生する。その例が、民泊の需要者がプラットフォームを介して供給者と合意した条件を守らずに、大声で騒いだり現地の規則に従わずに周辺の道路にごみを出して第三者である近隣住民の生活環境を破壊することである。需要者と隣接して滞在しない場合には、供給者は騒音等の被害を直接には受けないことから、相互評価が機能しにくい。

これらの弊害への対処としては既存産業に対する業法規制の思想を取り入れた法律の適用が考えられる。加えて、「認証」を活用することが考えられている。ISO（国際標準化機構）は、シェアリングエコノミーの国際標準化に関する議論を開始したことを2017年10月に公表した。日本でも、シェアリングエコノミー協会の自主ルールへの適合を示す「シェアリングエコノミー認証マーク」が2017年6月に制度化され、同年12月時点で15種類のサービスが認証を得ている。今後、損害・弊害を削減するために、プラットフォーマーが負担する規制遵守や認証取得のための費用が増える可能性がある。また、犯罪被害回避のための消費者教育を行うことも重要な課題であり、シェアリングエコノミーの関係団体が費用の一部の負担を求められることも考えられる。

②プラットフォーマーの情報独占

プラットフォーマーには間接的ネットワーク外部性により供給者と需要者の大量の個人情報が独占的に蓄積されるため、欧米では個人情報のビッグデータの利用をどのように規定するべきかが問題となっている。

一般的に「独占」は、消費者の利益を減少させ経済の効率性を悪化させるため、競争法で禁止される。しかし、イノベーションには経済を発展させる効果があるため、イノベーターが一定期間イノベーションの成果を例外的に独占できるように、特許等の知的財産権の制度が構築され社会の要請や技術の発展に応じて変化してきた。シェアリングエコノミーではビジネスモデル自体が一種の知的財産権であるため、イノベーションによる便益と独占による弊害を比較衡量する必要がある。例えば、プラットフォーマーの情報独占は消費者利益の減少という経済的な弊害を惹起するとともに、労働分配率を引き下げ資本所得の稼得者と賃金労働者の間の所得格差を拡大させる可能性が高い。このため、情報独占には社会的・政治的な許容限度があるだろう。従って、様々な条件の変化に応じて、制度的に確立している知的財産権と同様に情報独占に対するルールを規定すべきであるが、現時点では世界的にコンセンサスを得た法規範の形成には至っていない。

情報独占について特に欧州の競争法当局の視線が厳しさを増しつつあり、プラットフォーマーへの規制の強化が政策上の課題となる可能性を否定できない。これらが実現した場合、プラットフォーマーは情報独占を通じた優位性を相当程度失うだろう。

③人的資産の供給者のプラットフォーマーへの従属

プラットフォーマーが単なる「仲介者」として供給者に対して需要者とのマッチングに必要な「市場」としてプラットフォームを利用させているだけであれば、供給者は独立した「個人企業」、「起業家」と位置づけられる。しかし、供給者がプラットフォーマーから強い干渉を受け、その独立性に疑義が生じるケースがある。例えば、Uberの供給者（ドライバー）が家計維持の収入稼得を目的としてフルタイムで働く場合の労働形態は、歩合給の比率が高いタクシー・ドライバーと酷似している。このため米国では、Uberに対する従属度の高さを根拠として自らの「労働者性」を主張するドライバーが労働法での保護を求める訴訟を州裁判所に提起し、Uberが事実上敗訴するケースが散見されており、欧州でも類似した問題が顕在化している。

こうした問題に対して、フランスでは２０１８年初からUberのような運送関連のプラットフォーマーの仲介を受けて働く者を主な対象としてクラウドワーカーを保護する条項を含む法律が発効している。具体的には、プラットフォーマーに対するクラウドワーカーの従属度が高い場合には、プラットフォーマーは社会的責任としてクラウドワーカーの労災保険、職業訓練および職業経歴の証明に係る費用を負担することが規定されている。また、世界的にみても、シェアリングエコノミーの規制のための法制化が広がりつつある。人的資産を対象とするシェアリングエコノミーの場合、Ｕｂｅｒのように供給者の拘束度合いが強すぎると規制が強化され、結果的に今後プラットフォーマーが負担すべきコストが増え、生産性に影響する可能性があることが示唆される。なお日本でも、シェアリングエコノミーの供給者を含むフリーランスを競争法制で保護する方針であり、シェアリングエコノミーだけでなく様々なタイプのプラットフォーマーに対する規制も検討が開始されている。

④供給者の適正納税

Ｐ２Ｐのシェアリングエコノミーでは、供給者はプラットフォーマーの従業員ではないため、プラットフォーマーは供給者が支払うべき所得税（国税）の源泉徴収や住民税（地方税）の特別徴収等を行う義務はない。供給者が納税申告をしなければならないが、税務当局が全ての取引を把握することは事実上できないため、供給者が適正な納税を怠るリスクがある。

以上の状況に対して、税務当局がプラットフォーマーに対して供給者への料金の支払い状況を照会するケースが増えている。日本では、特に外国人による民泊の利用が多い観光地の自治体の地方税を担当する部署がプラットフォーマーへの協力を依頼している。

(2) 中小企業におけるシェアリングエコノミーの活用

以上を受け、シェアリングエコノミーの活用によって生産性向上を目指す際に中小企業が取るべきスタンスについて、プラットフォーマー、供給者及び需要者に分けて論じる。

①プラットフォーマーとしての活用

プラットフォーマーは斬新なシェアリングエコノミーのアイデアで潜在的な需要を顕在化し社会的課題を緩和することができる。軒先のケース(**事例g**)からは、起業家がポップアップストアを短期間運営する「スペース」に対する需要が未充足だったことに西浦社長が着目したことが軒先ビジネスにつながった。軒先ビジネスは日本で社会的課題となっている創業促進に、軒先パーキングは環境保護にも貢献している。

また、軒先の特徴的な点は創業時の事業である軒先ビジネスとシナジー効果を持つ分野に事業を展開していることである。これにより軒先パーキングに進出した結果、ホスト(供給者)に対して日中は軒先ビジネス、夜間は軒先パーキングとしてのスペースの活用の提案が可能になった。さらに、同社は、九州で「手ぶらで車泊」に取り組み、タイプの異なるプラットフォーマーとの連携によりシナジー効果を得ようとしている。

既に述べたようにシェアリングエコノミーのプラットフォーマーには間接的ネットワーク外部

性があるため、「類似した」サービス間での競争によって最終的に生産性の高いプラットフォーマーへの統合圧力がかかる可能性が高い。このような圧力に晒されるのを回避し、事業の独自性と経営の自主性を維持するためには、「タイプの異なる」サービスをビジネスモデルに埋め込む必要がある。軒先パーキングのように自社で展開するのか、「手ぶらで車泊」のように他のプラットフォーマーと連携するのかといった選択に際しては、自社の経営資源を踏まえて戦略的に判断することが求められる。

また、プラットフォーマーは自社のビジネスモデルが陳腐化するリスクについて、競合他社の動向や社会的課題の潮流を常にレビューする必要がある。例えば、サイクルシェアは供給者型プラットフォーマーとして運営することが生産性向上にとって不可欠であり、自動車のライドシェアもＡＩによる自動運転の発展で最終的には供給者型プラットフォーマーとなり、寡占化あるいは独占化する可能性がある。従って、ベンチャー企業としての性格が濃い中小規模のプラットフォーマーは資本調達力をいち早く高めて設備投資を実施し、供給者型プラットフォーマーとなることによって競合他社よりも早く事業規模を拡大することが可能かどうかを検討する必要もある。

プラットフォーマーは、事業を急速に拡大するために高い生産性を実現する必要があり人件費を掛けないことが重要である。このため、少なからぬプラットフォーマーが需要者と供給者のマッチングや料金設定にＡＩを活用しており、今後もその巧拙が経営の成否を分ける可能性が高い。

さらに、これまで述べてきたように、シェアリングエコノミーに対する法規制が厳格化される可能性が高く、単なる仲介者としてプラットフォーマーが享受してきた規制の格差による軽いコスト負担という前提が変わり、従来と同じ生産性を維持しにくくなりうることに留意する必要がある。こうした点を踏まえると、プラットフォーマーは規制強化の可能性が小さいビジネスモデルでサービスを展開することを考慮すべきであろう。

②供給者としての活用

シェアリングエコノミーの供給者としては、自社の遊休資産をプラットフォーム経由で供給し資産の稼働率を引き上げるとの視点を持つことが求められる。シェアリングエコノミーはマーケティング費用を節約してビジネスを受注するツールとなりうるため、価格競争の回避が可能である特殊な資産を保有する個人自営業者・起業家はスタートアップ段階で高い生産性を実現できる可能性がある。ただし、軒先パーキング（**事例h**、**事例i**）と軒先ビジネス（事例j、事例k）のケースからは、資産の供給者は「手間がかからない」、あるいは「本業に支障を来さない」ことがシェアリングエコノミーを利用するメリットと考えており、需要者とのマッチングが常に成立するとは限らないという点も考慮すると、本業に支障を来さない「副業」としてシェアリングエコノミーを位置付けるのが妥当であることが示唆される。

本業に支障を来さないとの視点からは、損害保険で補償されうる範囲内でシェアリングエコノミーを行うべきであり、不稼働の時間であっても供給者の本業にとって中核的な機械・器具等の資産をシェアリングエコノミーに提供することについては慎重な検討が必要である。加えて、自社のビジネスをプラットフォーマーによる仲介に過度に依存してしまうと、Uberのドライバーのように価格交渉力や受注の決定権を実質的に失う可能性があることにも留意すべきである。この点からも、「副業」としての位置づけが妥当である。

また、A社（**事例k**）のケースでは、軒先ビジネスを不動産賃貸という本業に役立てるとともに、所有不動産やその近隣エリアの認知度を向上させることも目的としている。このことから、中小企業がシェアリングエコノミーを利用する際には、その経営戦略上の位置づけを明確にすることの重要性が読み取れる。

③需要者としての活用

プラットフォーマーや供給者の場合と比べて、需要者としてのシェアリングエコノミーの利用には制約が少なく、生産性向上に資する可能性が比較的高い。

ケーススタディでは、小売・サービス関連の個人自営業等のテストマーケティングの場としてのポップアップストア（**事例g**）や、不動産による店舗を必要としないキッチンカーの出店場所（**事例l、m**）として軒先ビジネスが利用されている。起業した需要者（**事例l、事例m**）のケースからは、低コストで迅速に創業できることが軒先ビジネスのメリットとして評価されている。これは、機械・器具を必要な時だけプラットフォーム経由で利用すればよいので、設備投資の費用を節約することができ、従業員の雇用も必要最低限にとどめることが可能なためである。このような活用のメリットは、「アセットライト（asset light）」（資産を極力持たない）で低コストでの起業を目指す個人自営業者だけでなく、比較的小規模な既存の中小企業にも当てはまるだろう。

ただし、ケーススタディからは以下の事項を踏まえた利用が求められる。

（i）利用する物的・人的資産の特殊性が高すぎないことが条件であり、操作が難しい機械・器具のシェアや自社特有のスキルを要するクラウドワークには必ずしも適していない。

（ii）供給者の数が限られる希少な設備等の資産についてはマッチングが常に成立するとは限らないため、シェアリングエコノミーに依存することにはリスクがある。

（iii）相互評価の情報が充分に蓄積されていない供給者の資産、特にスキル等の人的資産を利用する場合、供給される成果・品質が需要者の期待を下回るリスクがある（**前掲図表3-7④**）。

6 シェアリングエコノミー導入にあたっての留意点

シェアリングエコノミーは、個々の企業の生産性向上につながる可能性があることから、中小企業は自社のビジネスモデルへの導入を真剣に検討すべきである。導入にあたっての留意点は、①プラットフォーマーとしては、社会的課題を緩和する斬新なアイデアを迅速に事業化し、複数のサービスでシナジー効果の発現を目指す、②供給者としては、基本的には「副業」として取り組む、③需要者としては、起業家・既存企業ともに「アセットライト」な経営の実現に役立てるなどである。

また、シェアリングエコノミーについては健全な発展を目的として規制が強化される方向にある。このため、これまでプラットフォーマーが享受してきた規制の格差によるメリットは縮小する可能性が高い。中小企業はこうした点も念頭に置いてシェアリングエコノミーによる生産性向上に取り組む必要があろう。

【注】

（1）クラウドファンディングは議論の対象としない。ただし、資料の制約のため、一部でクラウドファンディングを含む統計数値を使用している

（2）供給者から需要者への資産の所有権移転の仲介をシェアリングエコノミーと呼ぶ例は海外では多くないと思われる

（3）回答企業数が32社と僅少であり、結果については幅を持ってみる必要があることに留意されたい

（4）インタビューは、代表取締役西浦明子氏との軒先本社での面談とその後の電子メールでの質疑応答によって実施した

（5）法人には大企業が含まれる。また、個人自営業者数は理論的には約400名に達するとみられる

（6）軒先ビジネスの事業の立ち上げ時に関係官庁に適用される規制の有無を確認したが、不動産業に該当しないとの回答を得た

（7）ドリームゲートは、株式会社プロジェクトニッポンが経済産業省の後援を受け運営する起業関連情報を総合的に提供するポータルサイト

（8）TEAJは、在日の米国商工会議所、英国商工会議所等、海外のビジネス、起業家養成に関連する団体が共同で運営している起業家を顕彰する賞

（9）エコジャパン官民連携協働推進協議会は、専門家や企業、団体が社会貢献活動として審査や運営を行っていたeco japan cupを運営するプラットフォームとして設立された組織。事務局となる運営主体であるエコジャパンコミュニティ有限責任事業組合と、後援者（内閣府、文部科学省、経済産業省、外務省、農林水産省、国土交通省、復興庁、47都道府県全国知事会、新聞社等）で構成されていた

（10）株式会社ガイアックスは、ソーシャルメディアの構築・運用、シェアリングエコノミーをビジネスとする企業。シェアリングエコノミーのビジネスとしてTadaku（外国人がホストとなって出身国等の料理を教える料理教室）、TABICA（「体験」のシェア。例：高尾山の歴史・自然に詳しいホストとの山歩き等）、

notteco（自動車のライドシェア。ガイアックスの100％子会社である株式会社nottecoが運営）を実施している

(11) その駐車場周辺の地域住民が持つスキルのシェアをTABICA（脚注10参照）がマッチングし、観光客に地域体験を提供することによって、周遊型観光を単なる「通過」ではなく、滞在型観光につなげることを目指している。また、駐車場に電源を設置したことによって、災害発生時の防災・避難拠点として活用することも企図されている

(12) 現店主にインタビューを行った

(13) ホールは、JR東海道本線・笠寺駅から徒歩約3分の距離にある

(14) 総務部財務課課長の水野任通氏にインタビューを行った

(15) 副支配人である佐藤修一氏にインタビューを行った

(16) 代表である中野敏行氏にインタビューを行った

(17) 代表である杉山泰弘氏にインタビューを行った

補章　中小企業の人手不足の実態

中小企業に生産性向上への取り組みが求められる背景には人手不足の深刻化がある。現在の人手不足は、単なる景気循環上の現象として捉えるのは適当でなく、少子高齢化・人口減少という構造的な要因も大きく作用している。今や人手不足への対応は中小企業にとって本腰を入れて取り組まなければならない大きな課題である。

そこで本章では、人手不足の実態について有効求人倍率・失業率、マインド指標、欠員率、労働投入量などの様々な指標を利用して分析を行った。これによると、雇用過不足感は2013年を境に「過剰」から「不足」に転じたが、これに先立って採用を積極化した大企業に比べて、中小企業では採用を増やせないまま人手不足感が一層強まるという状況に陥っていたことが明らかになった。また、中小企業の人手不足は、「人手不足企業数の拡大」から「1企業当たりの不足人員数の拡大」の段階へと変化していることが分かった。

❶ 失業率・有効求人倍率からみた状況

２０１７年のわが国の年間平均完全失業率は２・８％と、１９９３年の２・５％以来の低水準となった。この間の動きをみると、２０１３年が４・０％とリーマン・ショック前の失業率の最低水準である２００６〜２００８年（３・９〜４・１％）に並び、それ以降も低下が続いており、このことが後述の雇用マインドの動きに影響を及ぼしたと考えられる。

有効求人倍率は２０１７年の年間平均が１・50倍と、１９７６年の１・76倍に次ぐ高い水準となった。有効求人倍率は１・０倍が労働市場の需給の分岐点(1倍超が需要超過)であり、２０１１年以降の上昇過程においては、まず２０１１年にパートタイム労働者の有効求人倍率が、次いで２０１４年にはパートタイム労働者以外も1倍を上回った。月ベースでみると２０１３年10月以降、全体の有効求人倍率が1倍超となっており、この時期が雇用の過不足感の転換点であったことを示している。

❷ マインド指標からみた状況

企業のマインドを示す指標としてはＤＩが代表的である。これはサンプル企業のうちどの程度

の割合の企業が過剰もしくは不足と感じているかを、「過剰の割合（％）」－「不足の割合（％）」で示したものである。（注１）

図表補‐１に示されるように、日本銀行「全国企業短期経済観測調査」の中小企業・全産業の雇用人員ＤＩは２０１３年３月調査を境に不足超に転じ、その後不足感はほぼ一貫して高まっている。大企業・全産業においても同様の推移となっており、同じタイミングで雇用が不足に転じたと考えてよいが、中小企業の方がその後の不足感は強くなっている。中小企業の２０１８年３月調査のＤＩは▲37まで不足超幅が拡大し、１９９０年代初頭のバブル景気以来の不足感となっている。

雇用が具体的にどの分野で不足してい

（図表補－１）企業規模別の雇用人員DIと生産設備DIの推移

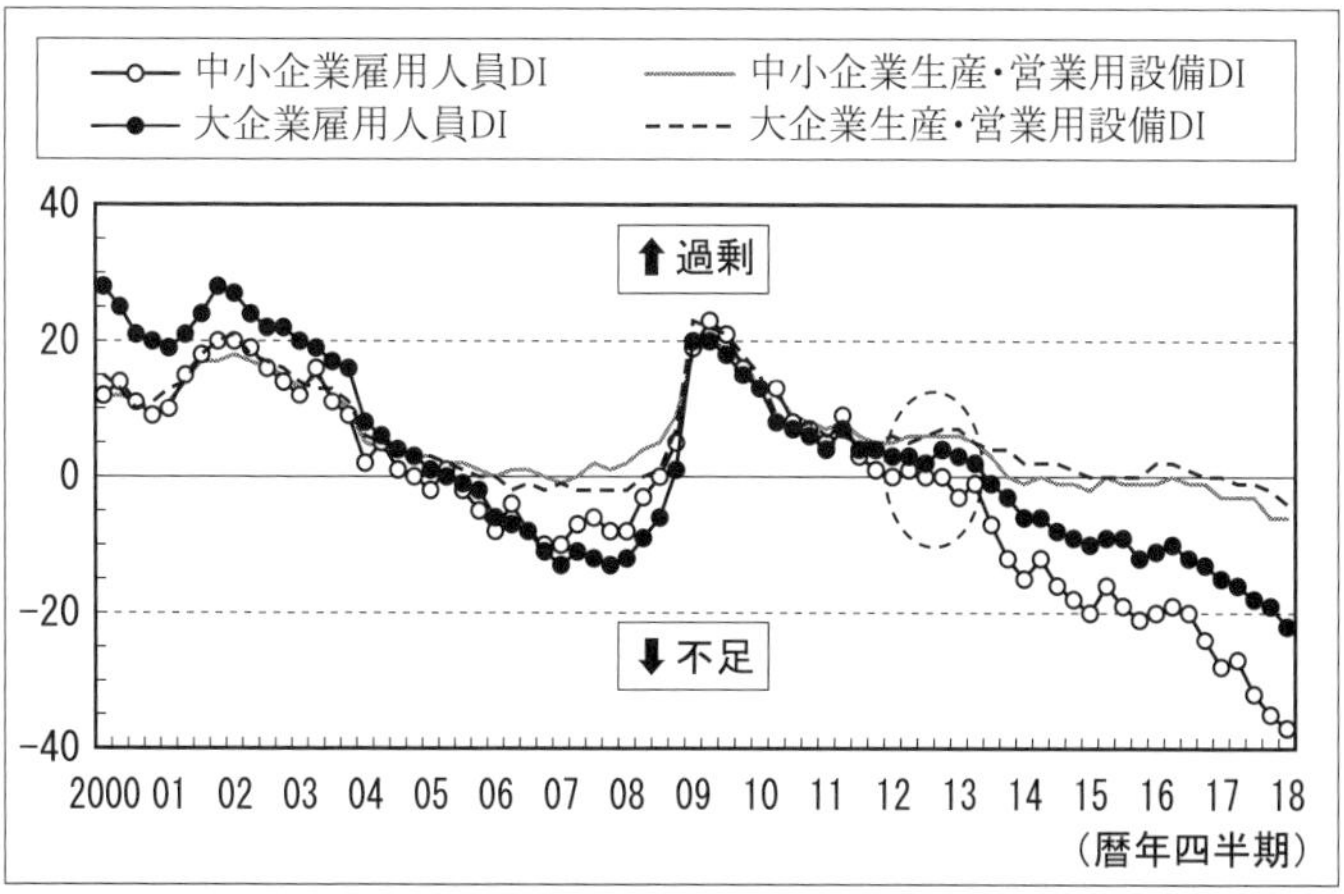

（資料）日本銀行「全国企業短期経済観測調査」
（注１）「過剰」の回答社数構成比（％）－「不足」の回答社数構成比（％）
（注２）中小企業は資本金2,000千万円以上１億円未満の企業、大企業は同10億円以上

ると感じているかについて、職種別、雇用形態別（正社員と非正社員）、企業規模別にみてみよう。**図表補‐2**は労働政策研究・研修機構「人材（人手）不足の現状等に関する調査」（2016年1～2月調査）の結果から、有効回答企業数に対する「不足」と「過剰」の回答割合を算出し、「不足」割合から「過剰」割合を引いた値（DI）を、中小企業と大企業に分けて職種別にグラフに示したものである。DIのプラス幅が大きいほど不足感が強いことを示す。[注2] いずれの規模でもほとんどの職種で不足感があることがわかる。[注3]

中小企業でDIがプラス5ポイント以上の職種をみると、正社員は専門・技術職（医療、教育、情報通信関係以外）、販売職、製造・生産工程職、事務職で不足感が大きい。一方、非正社員では正社員ほど不足感は大きくなく、プラス5ポイント以上の職種はないが、製造・生産工程職や介護関係以外のサービス職で不足感が比較的強い。

この結果をどう考えればよいだろうか。中小企業、大企業ともに正社員の方が非正社員より不足感が強いことは、採用市場において正社員の需給が非正社員の需給よりタイトであることを示すものだろう。そして、採用の難しい正規雇用の代替として非正規雇用を増やしていったことが、人件費削減メリットと相俟って非正規雇用の持続的な増加に繋がったものと考えられる。

3 欠員率からみた中小企業の人手不足

企業の人手不足の程度を「量的」に示す代表的な指標は欠員率である。欠員率は「欠員数÷雇用者数」で求める。欠員とは企業が業務を遂行するにあたり必要な人員のうち、充足されない人員を指す。欠員は各企業の職場で人員が何人不足しているかを具体的に示すものなので、人手不足の指標として適当である。「どの程度の割合の企業が不足と感じているか」を示すＤＩ指標の要素に、「１企業当りどの程度人員が不足しているか」の要素が加味された一種の複合指標といえる。

厚生労働省「雇用動向調査」を基に、企業規模別に欠員率を時系列でみたのが**図表補－３**である。全規模では２００９年をボトムにほぼ一貫して上昇しており、雇用不足感の転換点となった２０１３年を前に求人が充足されにくくなる状況が既に進行していた様子がみられる。２００７年までは欠員率が最も高い常用労働者5～29人の企業と最も低い同３００～９９９人の企業との間に１%ポイント程度の差があり、リーマン・ショック後の２００９年に一時その差が縮小したが、その後は２００７年以前を上回って差が拡大した。欠員率からも大企業よりも中小企業の人手不足の方が深刻である様子が窺われる。２０１１年以降は各規模とも上昇傾向となった。特に規模の小さい同5～29人の企業が先行して上昇し、２０１１年には欠員率がリーマン・ショック前のピーク水準にほぼ並び、その後も上昇を続けている。

次いで職種別欠員率の推移を中小企業（常用労働者30～99人）についてみる。２０１４年以降の上昇が目立つのは輸送・機械運転従事者をはじめ、サービス職業従事者、販売従事者（２０１５年

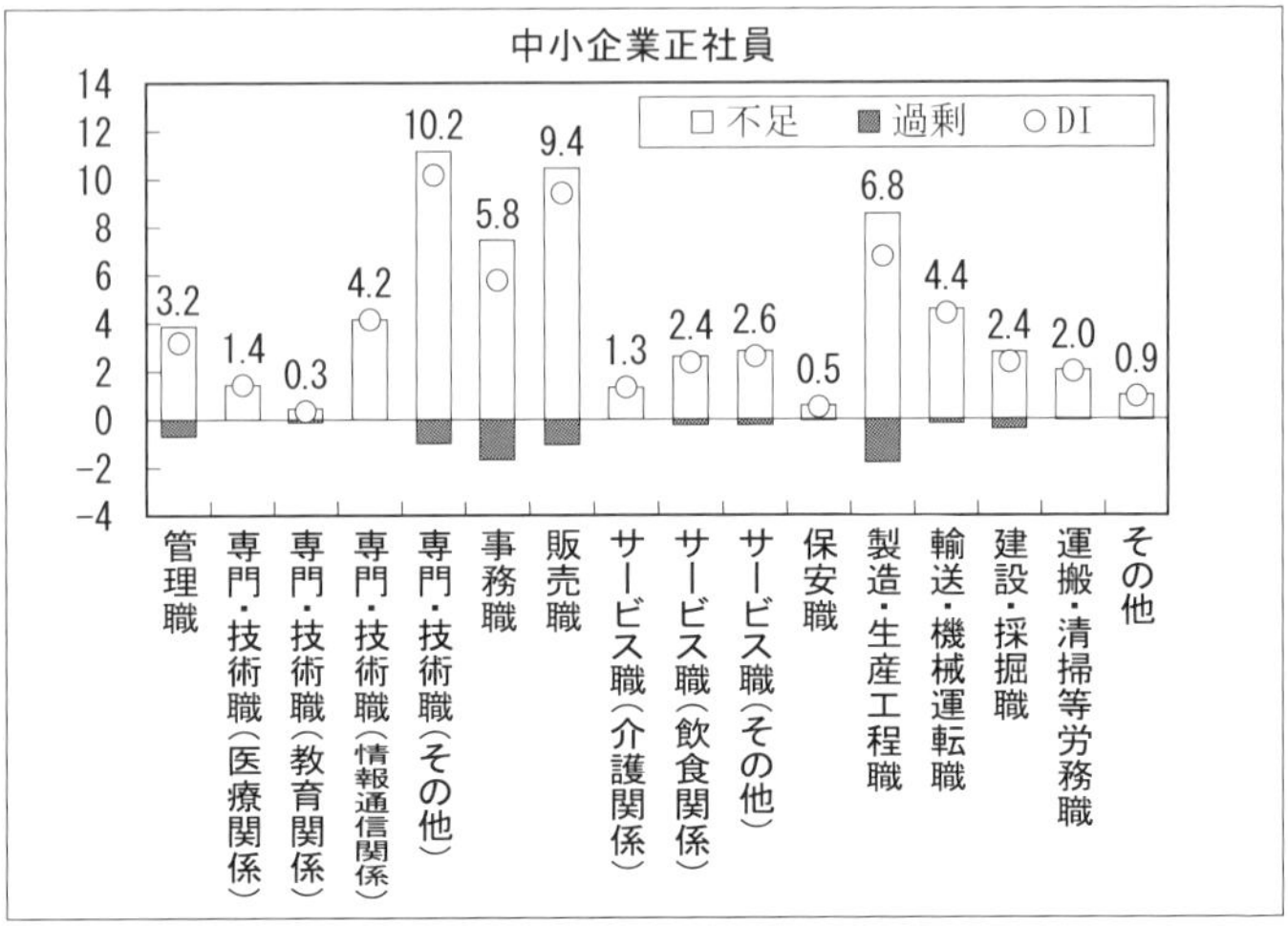

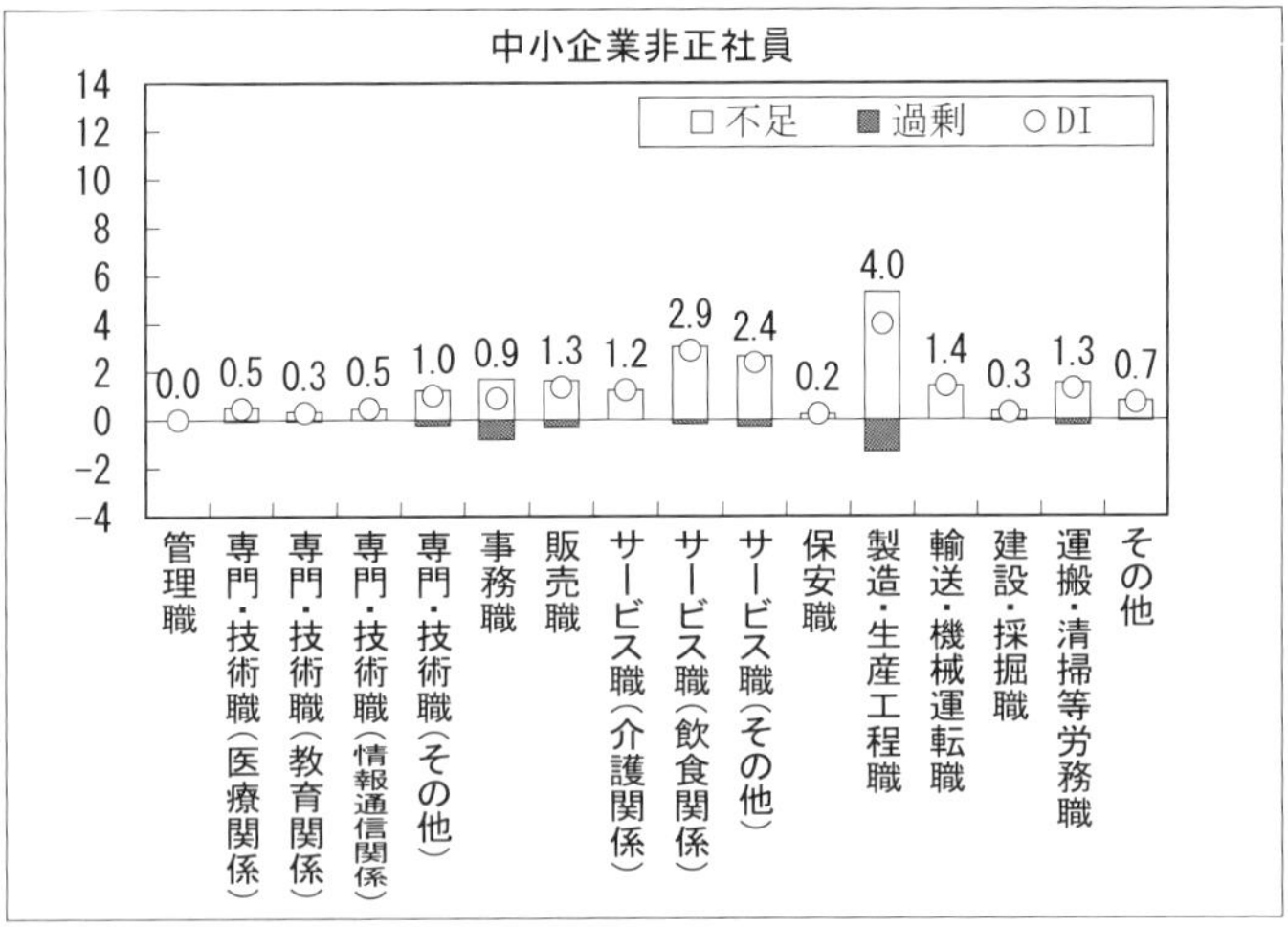

(注２) 過剰、不足割合は、全産業有効回答数を母数として過剰及び不足の回答数を除して算出した

(注３) DIは「不足の割合（%）」－「過剰の割合（%）」

（図表補－２）職種別雇用の過不足感（DI）

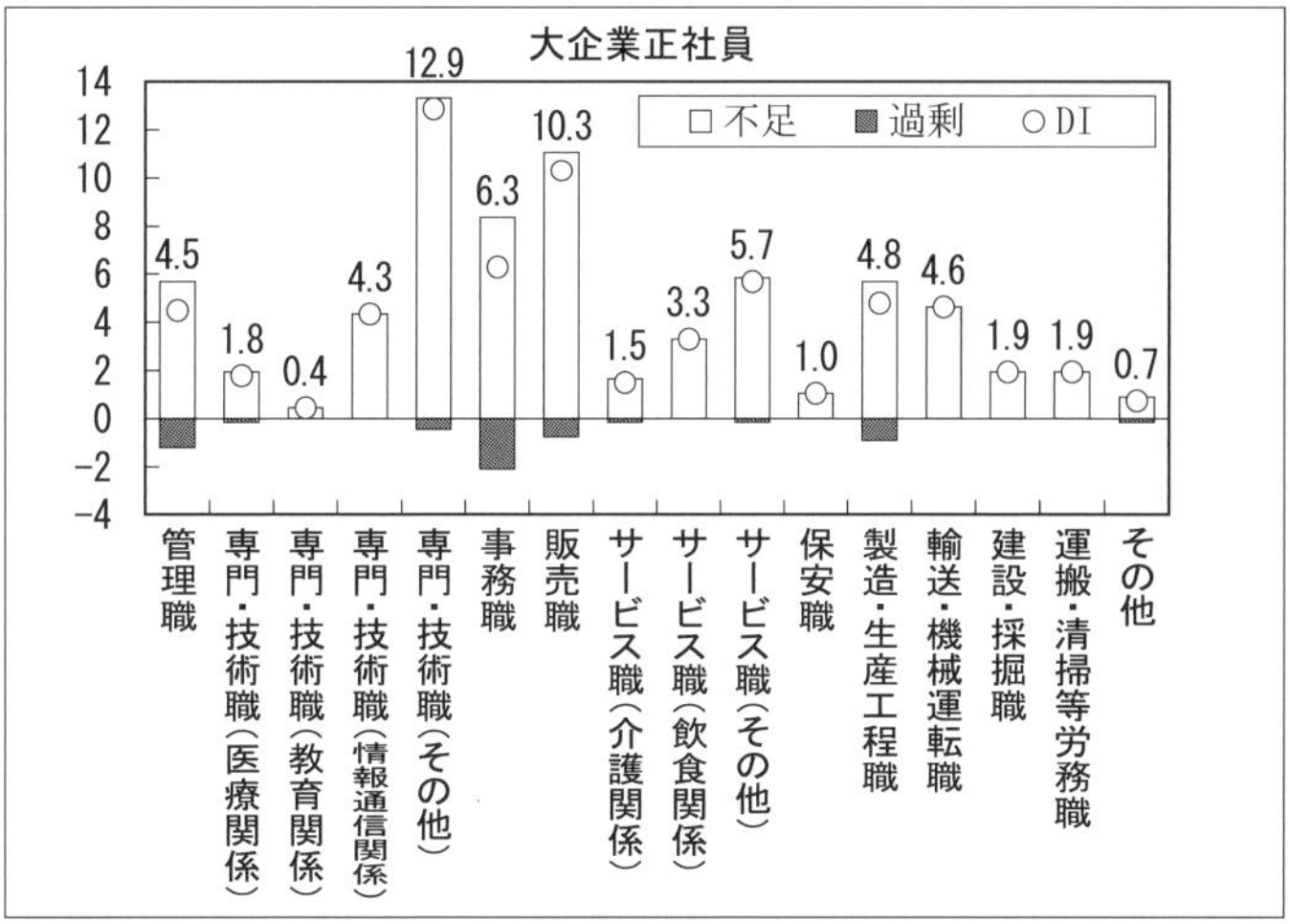

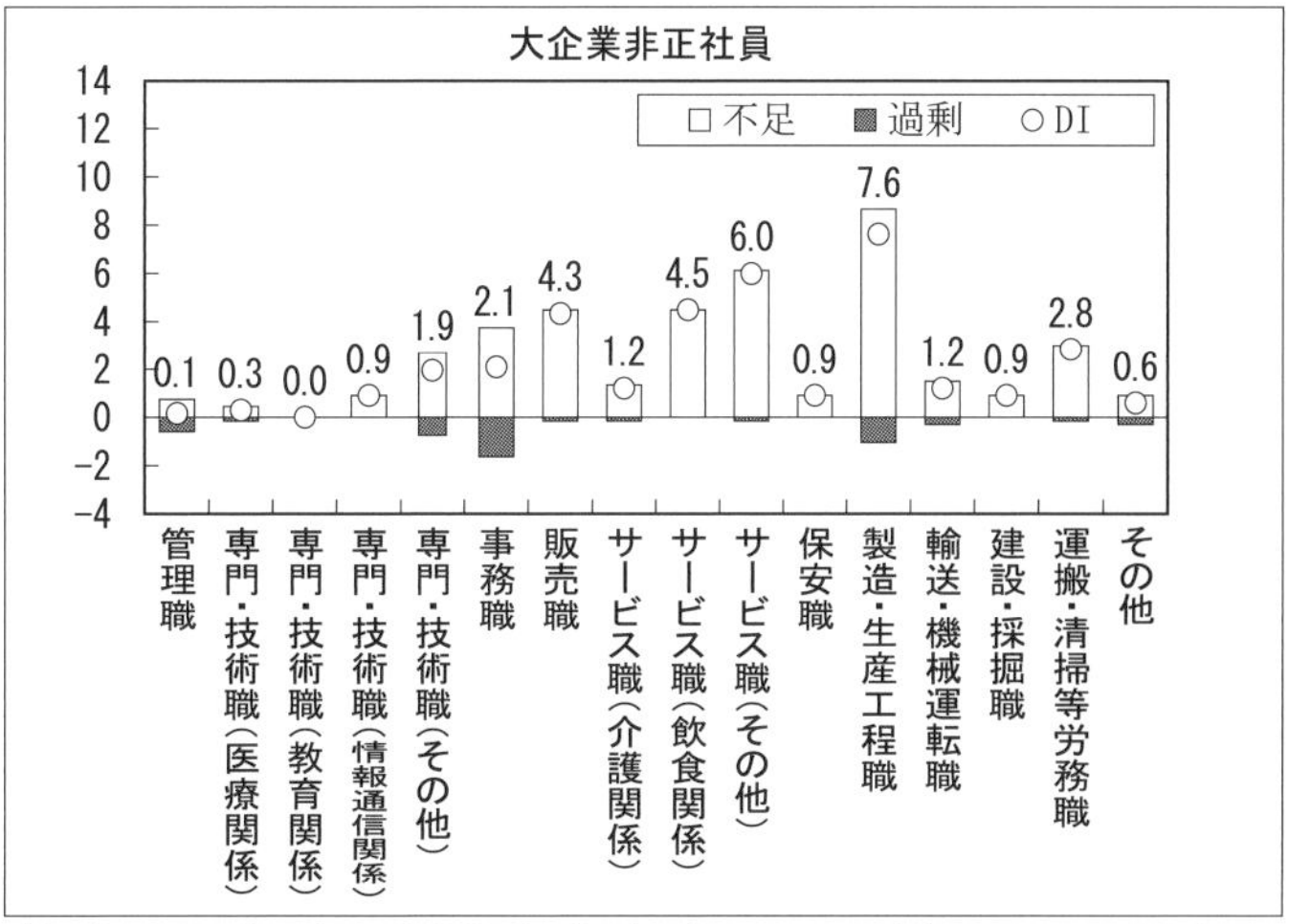

（資料）労働政策研究･研修機構「人材（人手）不足の現状等に関する調査」（2016年１～２月調査）再編加工
（注１）中小企業は正社員 299 人以下、大企業は同 300 人以上

に上昇）、専門的・技術的職業従事者（２０１５年以降はやや低下）、建設・採掘従事者（２０１４年に上昇）、運搬・清掃・包装等従事者である。管理的職業従事者、生産工程従事者の欠員率は小幅な上昇にとどまっている。

一方、大企業（同１，０００人以上）は中小企業に比べ、欠員率の上昇が概ね緩やかである。（注４）２０１６年時点で中小企業と欠員率の差が大きい職種は、輸送・機械運転従事者（中小企業11・０％、大企業３・３％、以下同じ）、建設・採掘従事者（２・８％、０・６％）、運搬・清掃・包装等従事者（２・８％、１・１％）である。大企業の輸送・機械運転従事者の欠員率は２０１２年以降３％台で推移し、建設・採掘従事者は２０１１年３・５％、２０１２年１・６％、２０１３年０・９％、２０１４年０・２％、２０１５年０・０％、２０１６年０・６％と低下

（図表補－３）企業規模別欠員率の推移

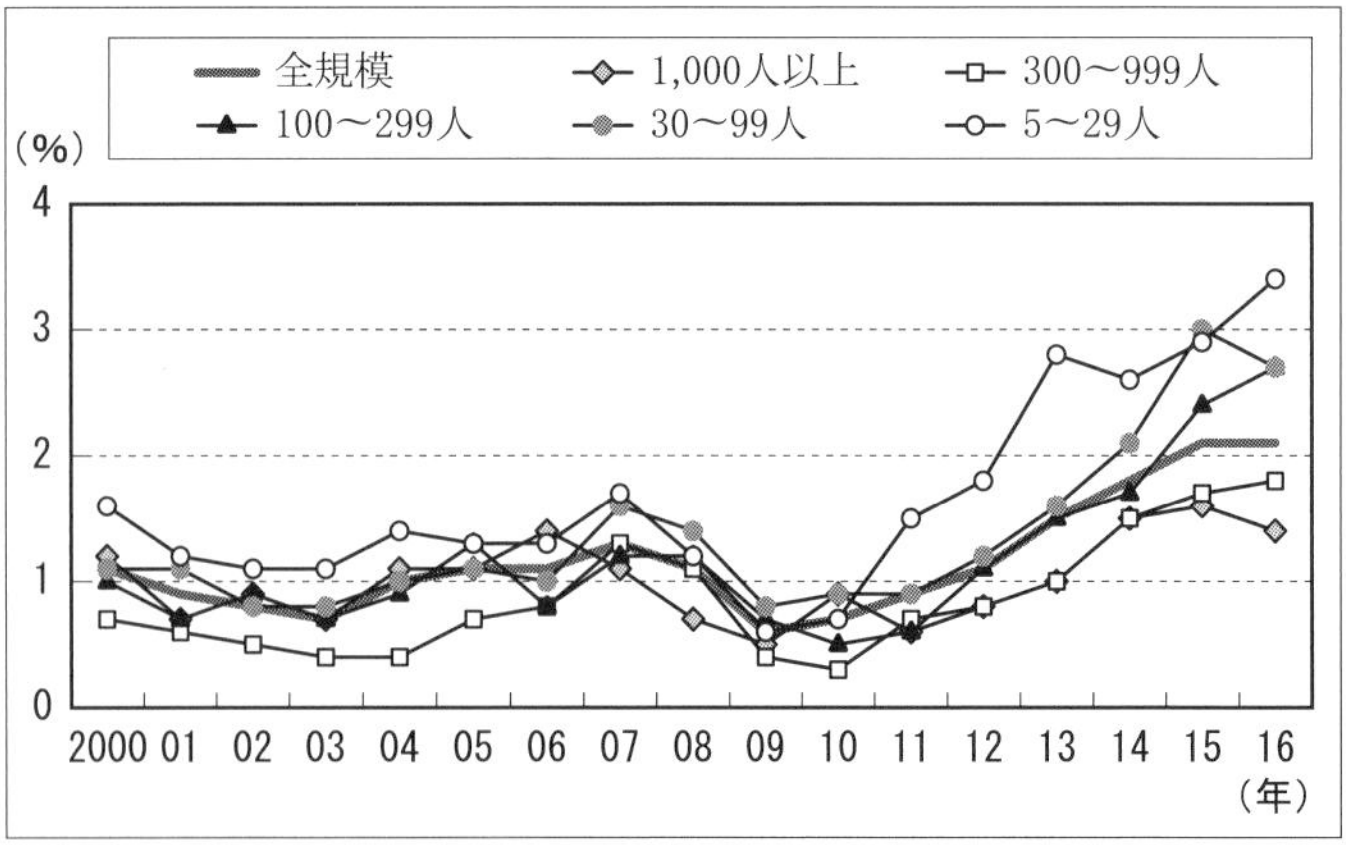

（資料）厚生労働省「雇用動向調査」
（注）企業規模は常用労働者数ベース

傾向で、中小企業と対照的である。輸送・機械運転従事者、建設・採掘従事者の大半は中小企業に所属しており、(注5)この分野における人手不足のしわ寄せは中小企業に向かっている。

最後に欠員率とマインド指標という2つの指標の時系列の関係をみることで、最近の人手不足の構造的な特徴を考えよう。**図表補・4**からわかるように日銀「短観」の中小企業雇用人員DIと中小企業の欠員率とは相関が強い。そこで両者を回帰させ、雇用人員DIによる欠員率の推計値を実際の欠員率と比較すると、2014年まで近似し

（図表補－4）雇用人員DIから推計した中小企業の欠員率の推移

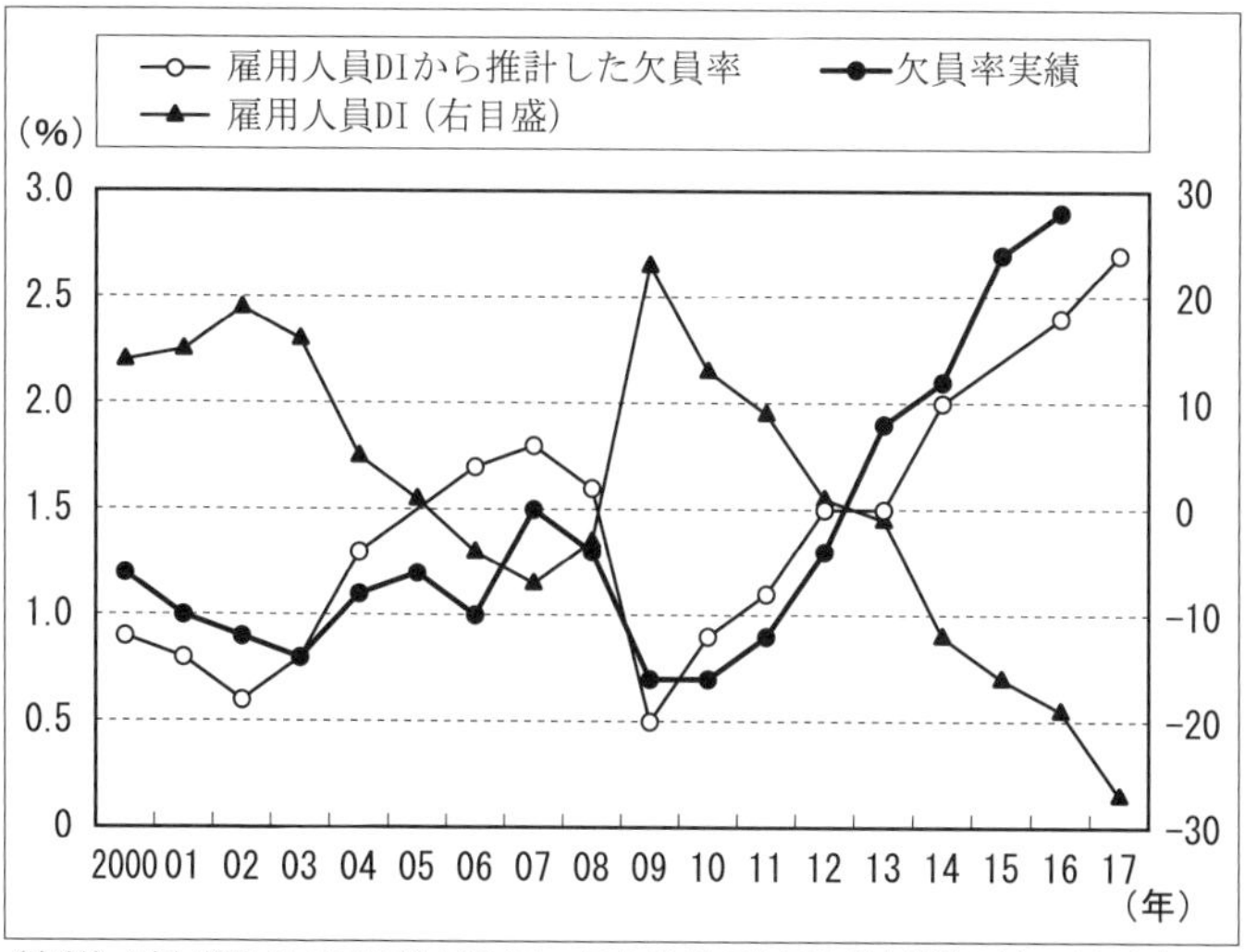

（資料）厚生労働省「雇用動向調査」、日本銀行「全国企業短期経済観測調査」
（注1）雇用人員DIによる欠員率の推計は以下の推計式を使用
（推計期間は2000年～2016年。各年6月時点のデータを使用）
欠員率 ＝ 1.50 － 0.04 × 雇用人員ＤＩ　　R^2 ＝ 0.72
（17.18）（－6.48）
（注2）雇用動向調査の中小企業は常用労働者30～99人の企業

た値となっていたが、２０１５、２０１６年には実際の欠員率が推計値から０・５％ポイント近く上方乖離した。(注6) これは、人手不足が「人手不足企業数の拡大」から、「１企業当りの不足人員数の拡大」へと深刻化した結果と考えられる。

❹ 労働投入量からみた状況

中小企業の人手不足が大企業より厳しい状況にあることを複数の指標から確認したが、そもそも中小企業は労働投入量を増やせていたのだろうか。総務省「労働力調査」を用いて、就業者の延べ就業時間から試算した労働投入量の推移を、統計が遡及可能な２０１３年（雇用過不足感が不足に転じた年）からみてみよう。

２０１３年を１００として、２０１５年と２０１７年の労働投入量と比較すると、大企業（従業者５００人以上）は１０２・４→１０９・６と２０１３年との比較では１割近く増加しているのに対し、中小企業（同30～99人）は99・４→１０１・７とほぼ横這いとなっている（**図表補‐5**）。(注7) こうした大企業と中小企業の差は２０１６年以降顕著であり、中小企業では労働投入量を増やすことができず、人手不足を深刻化させていたことがわかる。

１人当り平均月間総実労働時間数の推移を、一般労働者とパートタイム労働者に分けてみると（**図表補‐6**）、中小企業では一般労働者はリーマン・ショック時を除き横這い傾向となっている。

２０１５年以降は１７０時間を上回り、それ以前より若干増加した。一方、パートタイム労働者は減少傾向にある。大企業では一般労働者が２０１０年以降ほぼ横這いで、パートタイム労働者では減少している。この間、人数ベースでみると、中小企業は正規雇用者を減らし、非正規雇用者を増やしている（**図表補‐７**）。

一方、**前掲図表補‐５**でみた通り、正規雇用・非正規雇用合算の労働投入量は小幅の増加にとどまっている。このことと非正規雇用者の１人当り労働時間を増やすことはどのように関係しているのだろうか。厚生労働省「毎月勤労統計調査」に基づき、中小企業（常用労働者数30～99人）の常用労働者数がピーク水準にあった２００８年と２０１７年の延べ労働時間（労働投入

（図表補－５）従業者規模別労働投入量の推移（2013年＝100）

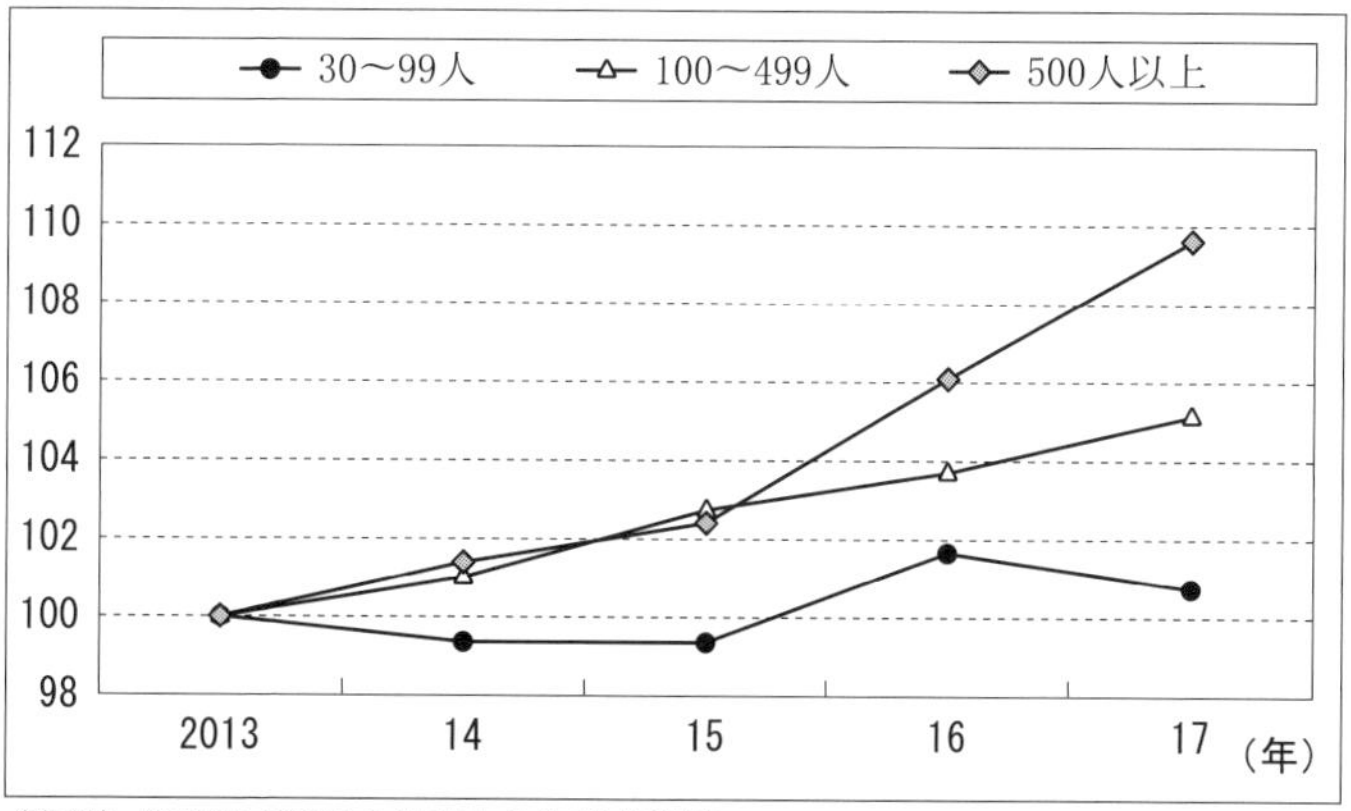

（資料）総務省「労働力調査」より筆者試算
（注１）労働投入量は平均年間就業時間に就業者数を乗じて算出。ただし、就業者数に休業者を含むので厳密な数値ではない
（注２）年間平均値。2012年以前はデータなし
（注３）企業規模は従業者数ベース

量）を比較してみよう[注8]。結果をみると、一般労働者は▲４・０％、パートタイム労働者は＋12・９％で、合計では＋１・２％の小幅増となっている。一般労働者の労働投入量減をパートタイム労働者の投入増で補っているものの、パートタイム労働者数の増加率

（図表補－６）企業規模別１人当たりの月平均実労働時間数

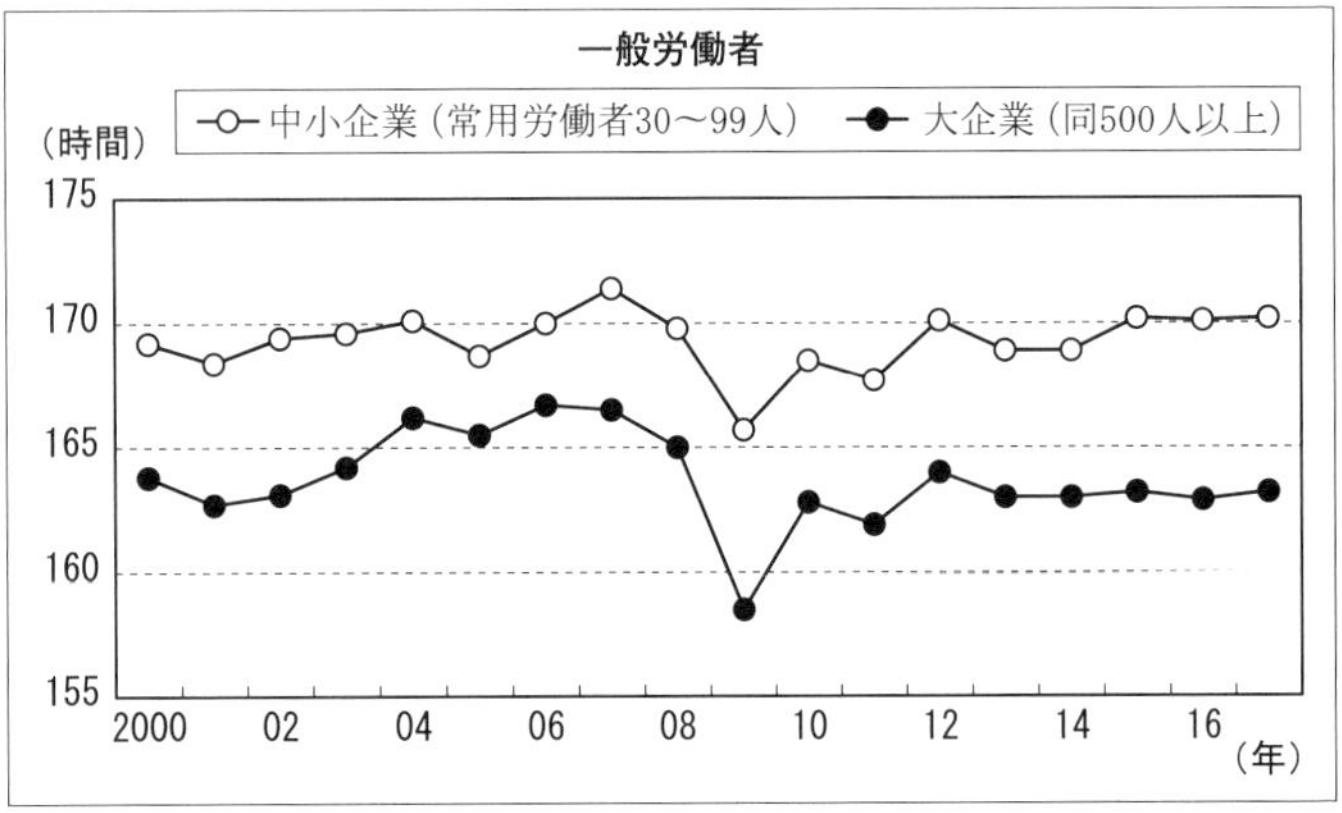

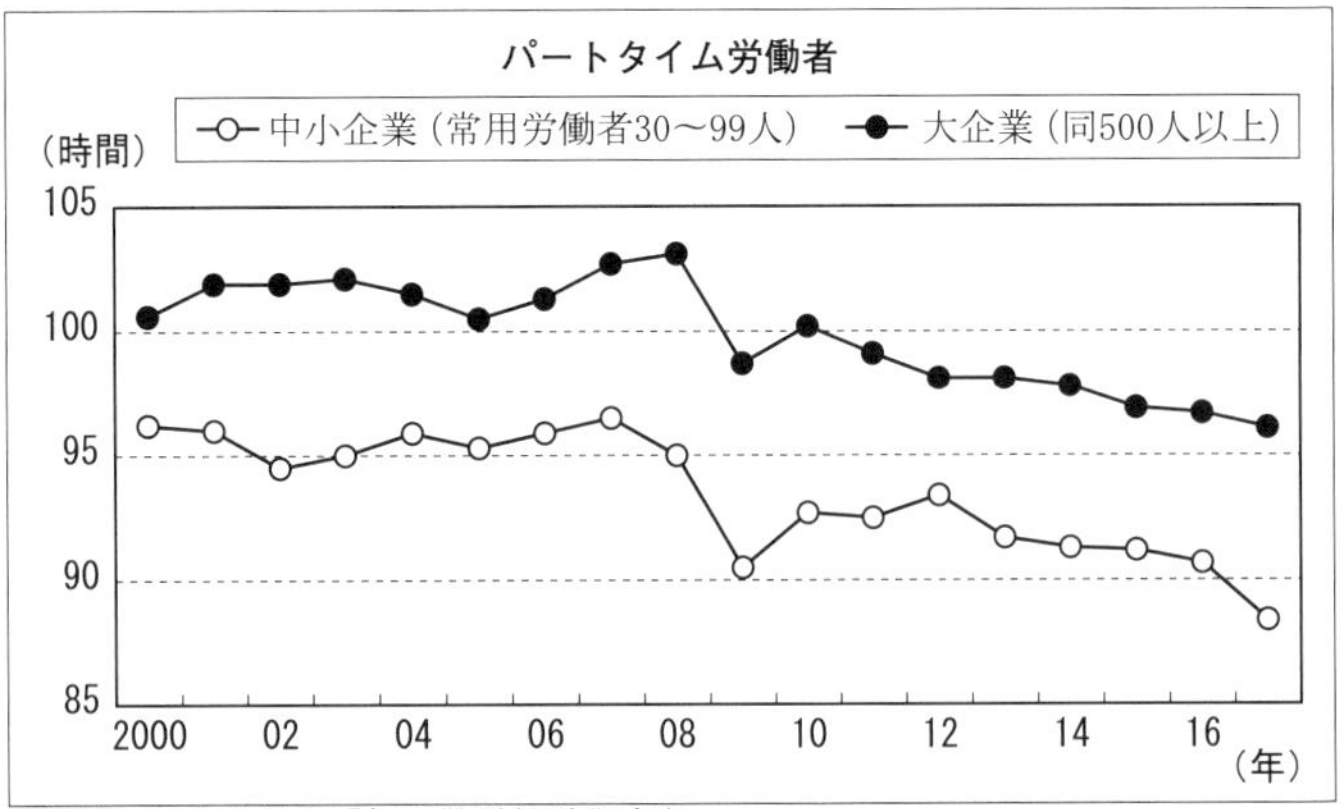

（資料）厚生労働省「毎月勤労統計調査」

（＋21・3％）ほどの効果は得られていない。さらに、中小企業では人数を絞り込んでいる一般労働者（▲4・2％）に関し、1人当り総労働時間を大企業（▲1・1％）とは異なり若干増やす（＋0・2％）など、負荷がか

（図表補－7）従業者規模別正規雇用者数と非正規雇用者数の推移（万人）

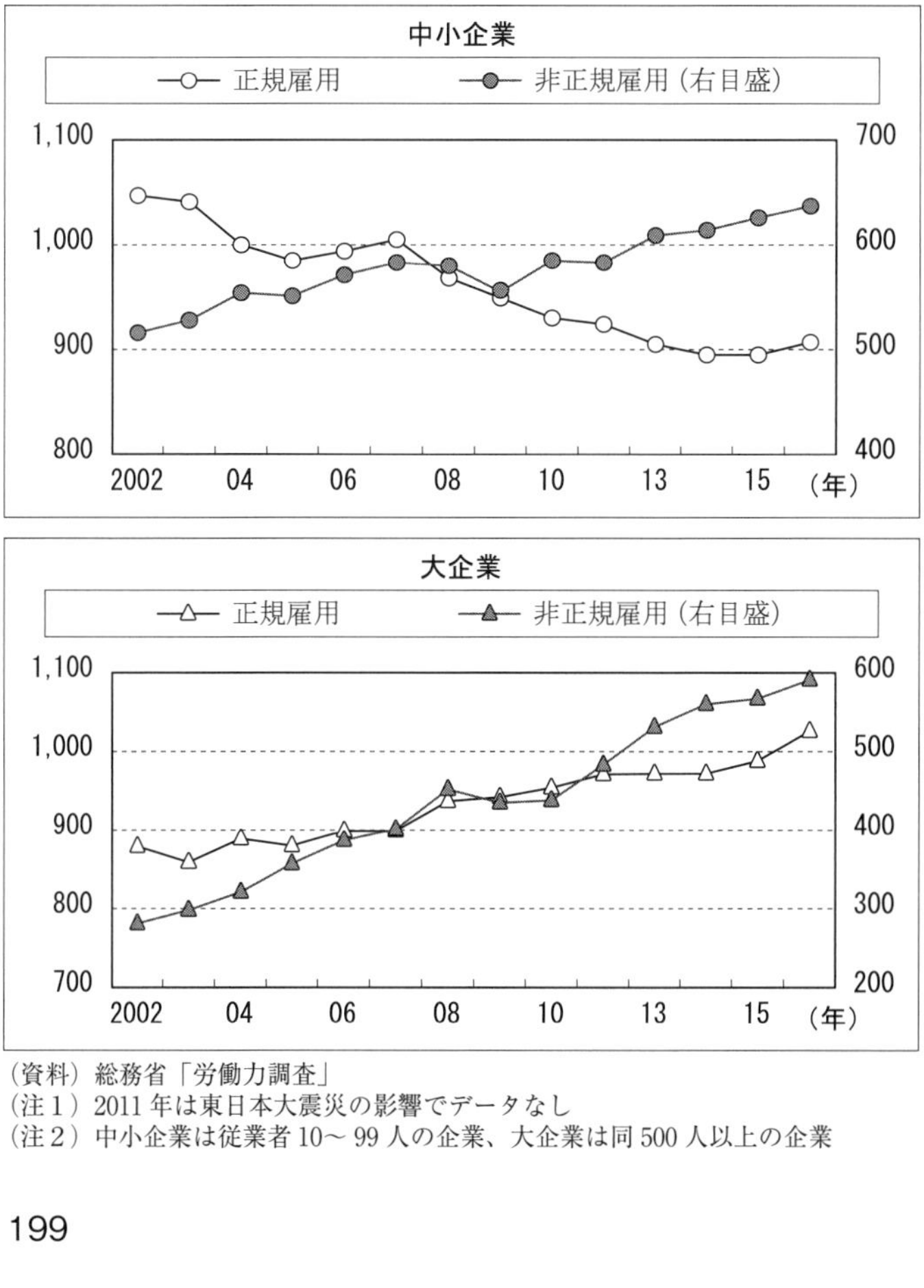

（資料）総務省「労働力調査」
（注1）2011年は東日本大震災の影響でデータなし
（注2）中小企業は従業者10～99人の企業、大企業は同500人以上の企業

かっている状況が窺える。なお、**前掲図表補‐6**の上下のグラフから明らかなように、パートタイム労働者の1人当り月間総労働時間数は中小企業の方が大企業より少なく、一般労働者の総労働時間は中小企業の方が大企業より多い。このことから、中小企業は大企業に比べ、実際に雇用している非正規雇用者への作業分担が進んでおらず、その分一般労働者の負担が重くなっている可能性が示唆される。

❺ 中小企業の人手不足への対応

現実に中小企業がどのような対策を採用しているかをみたのが**図表補‐8**である。対策の採用割合を高い順に並べると、採用増(注9)＞定年延長・非正規雇用活用＞再教育・配置転換＞多能工化＞外部委託・省力化投資＞事業縮小となっており、人員数増の試みが対策の上位を占める。以下では、人員数増の試みがどの程度成果を収めているかをみてみよう。

① 正規雇用・非正規雇用

人員増を正規雇用によるか非正規雇用によるかは、増員が一時的か否かのほか、企業の収支状況や職種の専門性、採用可能性などにより決定される。前掲の**図表補‐7**をみると、中小企業（従業者10～99人）の役員を除く雇用者数は、２０１０年以降非正規雇用者が増加する一方、正規雇用者は２００８年以降減少が続き、２０１５年からようやく底入れの動きがみられる状態である。

２０１０年と２０１５年を比較すると、正規雇用者が35万人減少し、非正規雇用者は41万人増加した。労働時間や労働の質を考慮した正規雇用者と非正規雇用者の労働投入量には格差があることから、実質的には人員増ほどには労働投入量は増加していないと推測される。一方、大企業（同５００人以上）は、同じ期間に正規雇用者と非正規

（図表補－８）中小企業が人手不足対策のため取り組んでいる対策（取り組む意向を含む、複数回答）

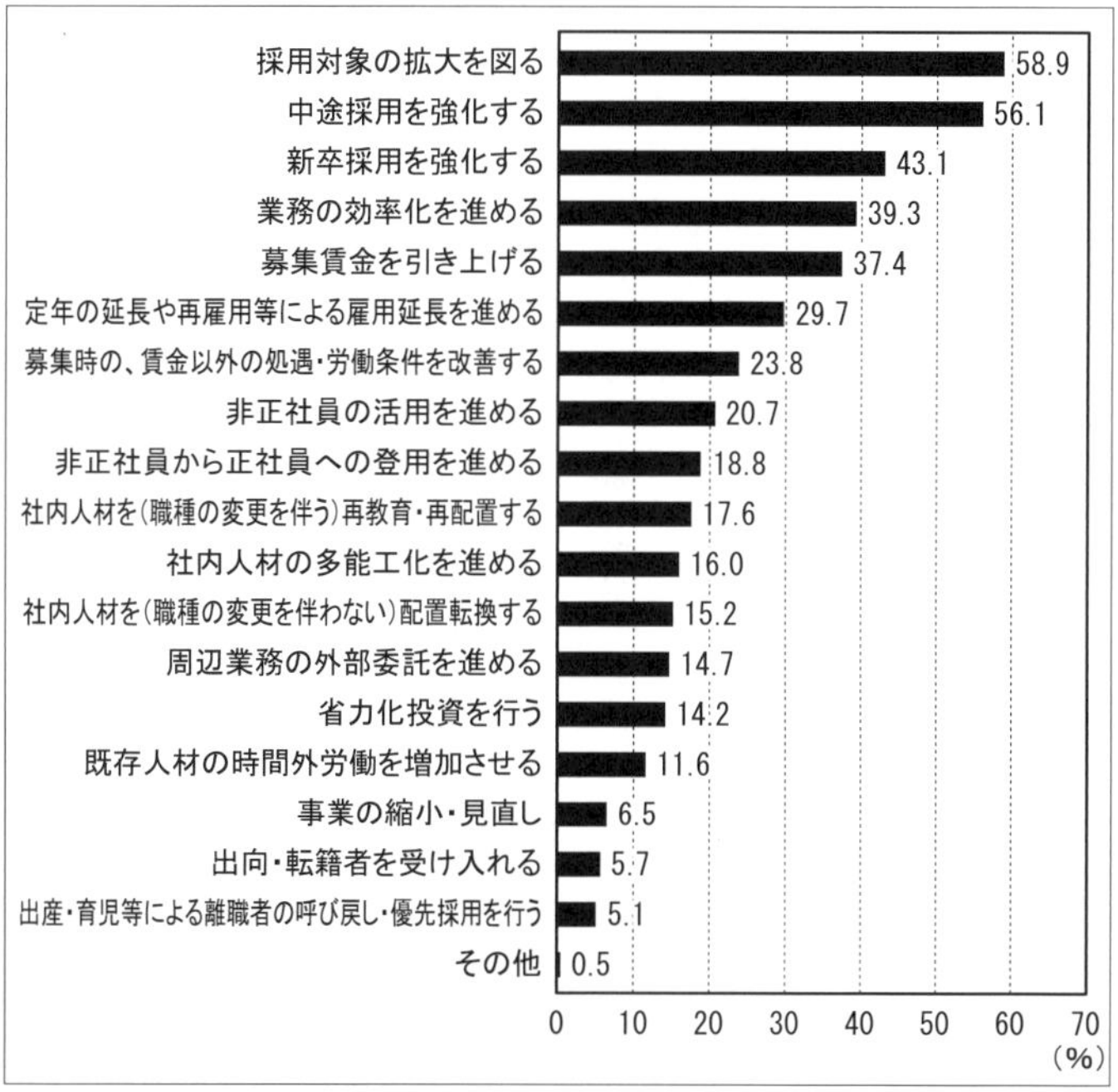

（資料）労働政策研究・研修機構「人材（人手）不足の現状等に関する調査」（2016年1～2月調査）
（注）従業員299人以下の企業

雇用者がいずれも増加している。特に2013年以降、非正規雇用者の増加が著しい。(注10)

② 新卒採用・中途採用

次に企業の採用形態として、新規学卒採用と転職者の中途採用についてみていく。中小企業（常用労働者30～99人）における常用労働者の入職者数の推移をみると(注11)（**図表補-9**）、新規学卒者、転職者がいずれも2000年以降概ね横這いとなっており、人手不足となった2013年以降も増加していない。一方、大企業（同1，000人以上）の動きをみると、新規学卒者数は2004年まではほぼ横ばいで、中小企業を若干上回る程度であったが、その後増加傾向にあり両者の格差は拡がっている。また、大企業の転職者の中途採用数は2009年までは中小企業を下回っていたが、2010年に逆転し、以降格差が拡大している。(注12)特に2011から2012年にかけては、新規学卒採用と転職者の中途採用の増加ペースが加速しており、2013年の人手不足への転換に先行した動きとなっている。このことからは、大企業が人手不足に先だって新規学卒者・転職者の採用を増やす一方で、中小企業は採用を増やせないままに人手不足感が一層強まる状況に陥っていったことがみてとれる。

（図表補－９）企業規模別学卒入職者数・転職者数の推移

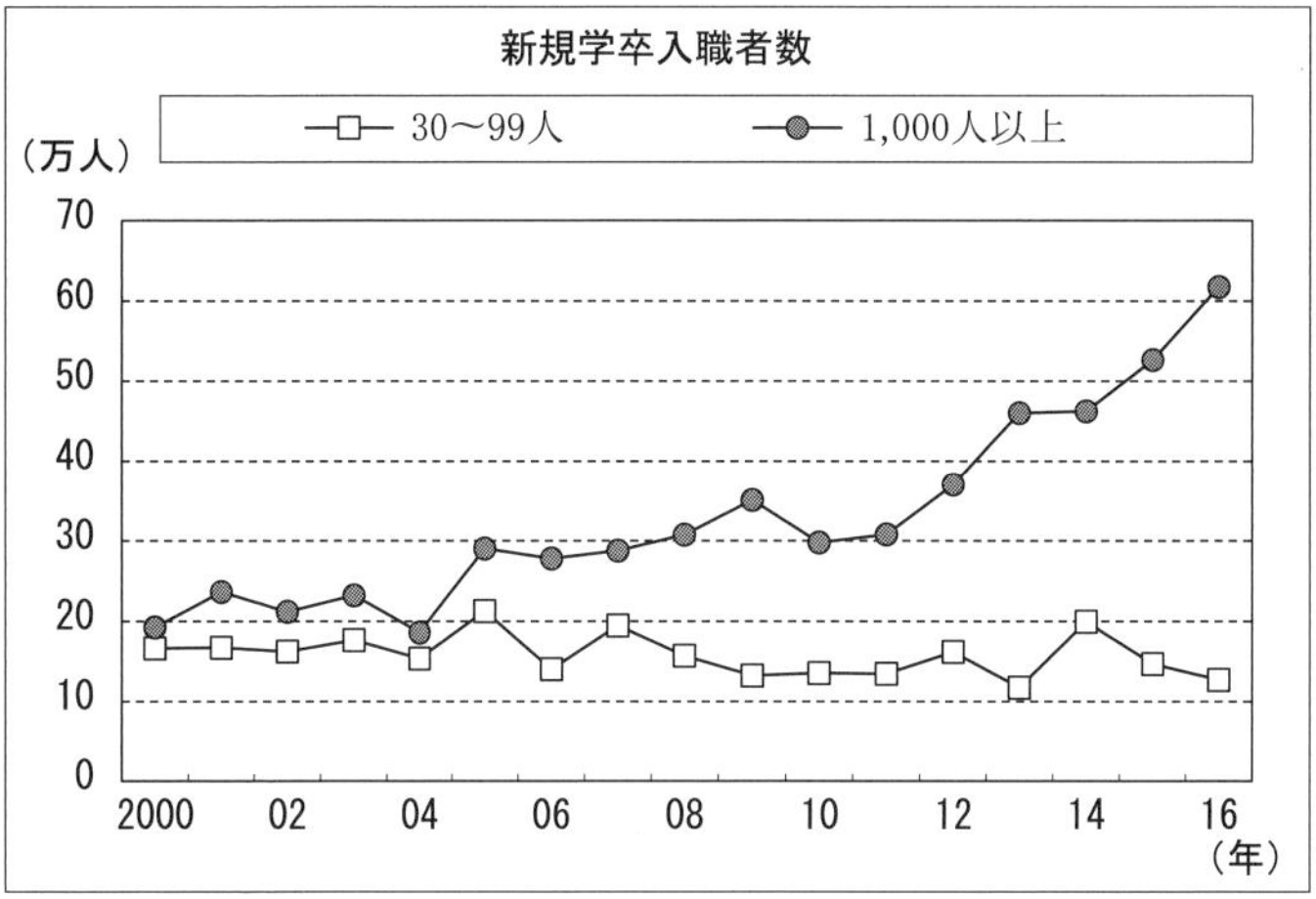

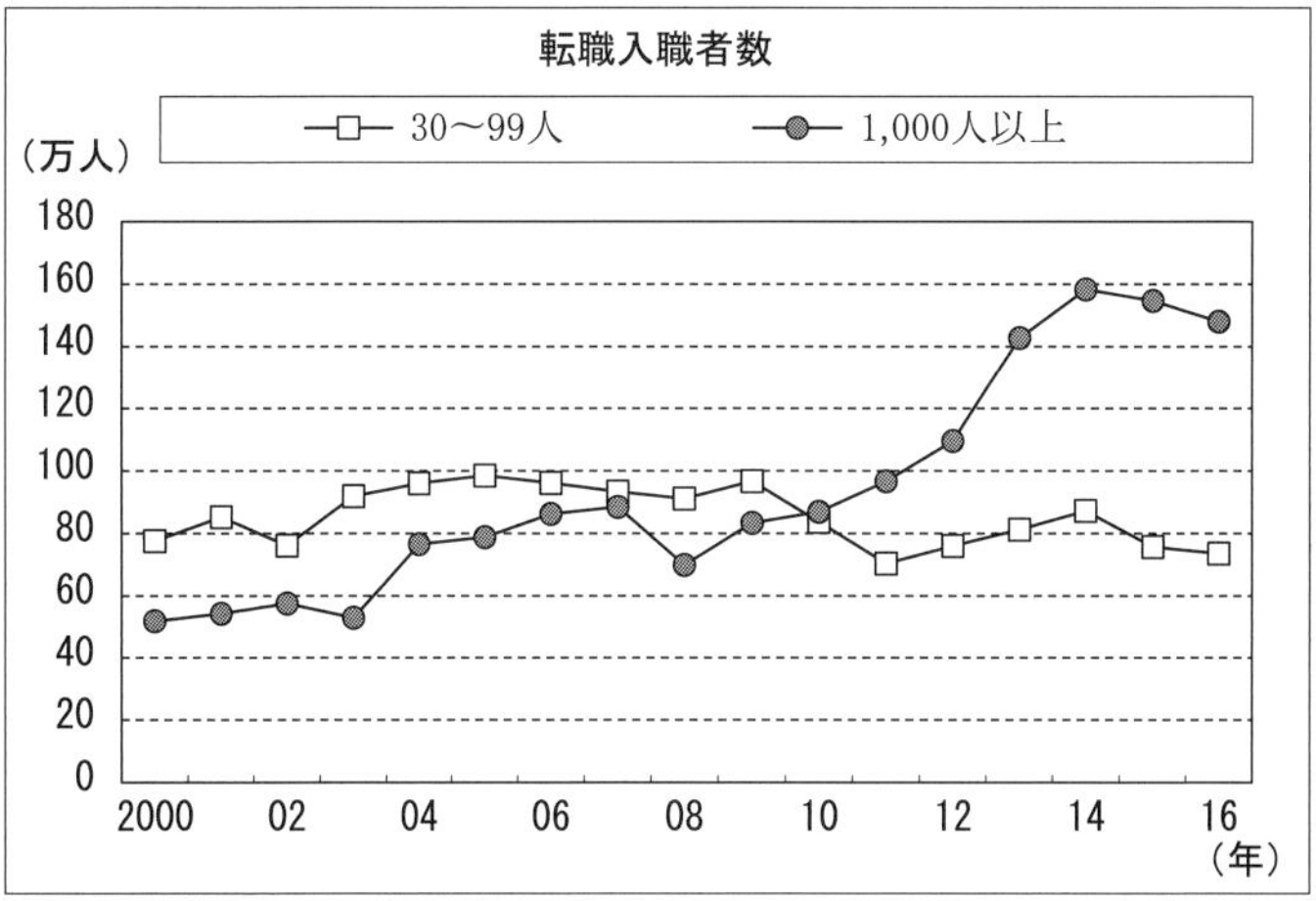

（資料）厚生労働省「雇用動向調査」
（注１）企業規模は常用労働者数ベース
（注２）転職入職者は入職前１年間に就業経験のある者を指す

【注】

（1）調査機関によっては、「不足の割合」－「過剰の割合」で算出する指標もある

（2）中小企業は従業員299人以下、大企業は同300人以上として計数を再構成した

（3）同じ調査で求人の充足状況（択一）を企業規模別にみると、「募集しても応募がない」の割合が中小企業43・0％に対し大企業24・0％、「応募はあるが、応募者の資質が自社の求める水準に満たない」の割合が中小企業30・7％、大企業39・0％であった。そもそも応募が少ないという点において、中小企業の採用環境の方がより深刻といえる

（4）ただしサービス職業従事者は2013年から2016年の間に1・2％から3・8％に上昇し、不足感が高まっている

（5）厚生労働省「雇用動向調査」で企業規模別に輸送・機械運転従事者と建設・採掘従事者の2016年の常用労働者数をみると、従業員5～299人の企業で輸送・機械運転従事者99・2万人（2011年113・4万人）、建設・採掘従事者76・4万人（2011年69・9万人）、同1，000人以上で輸送・機械運転従事者37・0万人（同32・6万人）、建設・採掘従事者5・0万人（同4・6万人）となっている。人数面からみて運輸や建設の現場業務は主として中小企業の労働者が担っている

（6）大企業についても雇用人員DIと欠員率とに有意な相関関係が認められ、2014年以降実際の欠員率が雇用人員DIによる推計値より上方乖離している

（7）中小企業の企業数は、2012年から2014年の間に▲1・1％となるなど、減少傾向となっている。このため、1企業当りの労働投入量はこの数字以上に増加している可能性がある

（8）労働投入量は、常用雇用労働者と1人当たり総労働時間の積で算出した延べ労働時間とした

（9）質問項目からは正規雇用を想定していると考えられる

（10）2013年には改正労働契約法が施行され、①5年ルール（有期労働契約が反復更新されて通算5年を超えた場合に労働者の申込みにより無期労働契約への転換が可能となる）、②雇い止め法理の法定化（一定の

条件下で雇い止めを認めない）、③不都合な労働条件の禁止（有期・無期契約者間で不合理な労働条件の相違を認めない）が導入された。雇用主側に課せられる条件は厳しくなったが、数字の動きをみる限り法改正が非正規雇用の増加を抑制した可能性は小さいとみられる

⑾　常用雇用者とは、期間を定めずに雇われている者、1か月を超える期間を定めて雇われている者、1か月以内の期間を定めて雇われている者又は日々雇われている者のうち、前2か月にそれぞれ18日以上雇われた者のことで、正規雇用のほか、短期契約でない非正規雇用も含まれる

⑿　厚生労働省「雇用動向調査」によると、大企業の離職率は1990年代まで1・2％程度で推移していたものが、2000年代に入り1・5％程度に上昇し、2010年以降水準に変化はない。このことから大企業の採用増は離職率上昇が主因ではないと考えられる。なお、中小企業の離職率は2000年代以降1・6〜1・7％で推移しており大きな変化はない

終章　中小企業の生産性向上に向けて

本章では、第1章～第3章で述べた内容のうち、中小企業が生産性向上に取り組むにあたり、特に参考になると思われる事項をまとめた。

第1章では、連携・組織活動による人材教育を取り上げた。6つの事例の概要を述べると、**事例a**は鉄骨構造物工事業者が設立した一般社団法人が、業界共通のコア技術の習得とそのレベルアップを目的に、職業訓練、技能研修、新入社員研修などを実施しているケースである。**事例b**は、流通団地組合が組合員企業の中核人材の育成を支援するため、組合の子会社がビジネススクールを運営しているケースである。1年間の研修期間中に、コミュニケーション能力の養成をはじめ、財務会計・企業法務・労務管理に加えて、ケーススタディディスカッションなども行う本格的なものである。**事例c**は、漆器協同組合が即戦力となる後継者の育成を目的に、大学・中小企業団体中央会と連携して、伝統工芸インターンシップ事業などに取り組んでいるケースである。**事例d**は、農家を構成員とする協同組合が、新規就農希望者の受入窓口となり、農業研修を行う農家を紹介するほか、県やJAと連携して集合研修を行うなど、新規就農者を育成するためのコーディネート活動を行っているケースである。

また**事例e**は、NPO法人が若者と地域の中小企業を結び付けることで人材育成の生態系（エコシステム）を構築することを目的に、長期実践型インターンシップ事業などを行っているケースである。**事例f**は、継続的な雇用を実現するための企業経営支援などを目的に設立されたNPO法人のケースである。地域の中小企業の人材教育事業に力を入れており、地域課題を解決するプラットホームの構築を目指している。

経営資源に限りのある中小企業にとっては事例のような取り組みは極めて有効である。こうした人材教育事業が、現在所属している連携組織または所属する資格のある連携組織で行われている可能性もあり、情報収集に努めることが重要である。また、課題となっている事項を連携組織に持ち込み、連携事業として実施できないかを提案することも一つの方法である。さらに、同じ課題を共有する仲間とともにNPO法人や一般社団法人・一般財団法人を設立し、課題解決に資する事業を行う例も最近増加している。

第2章では、近年技術の高度化が著しいITを取り上げた。アンケート調査によると、中小企業は大企業に比較して全体としてIT活用が遅れている。以下では、中小企業において特に対応が遅れている分野に着目し、IT活用にあたり注力すべき事項をまとめた。

第一に、ＩＴ戦略の策定とＩＴ投資の評価である。ＩＴに関連して注目される分野はＩｏＴ、ビックデータ、ＡＩなど多岐にわたっており、自社に適したＩＴを導入するためには、的確なＩＴ戦略の策定が重要である。また、ＩＴ投資により目的に見合った効果が得られているのかについての評価も行う必要がある。評価を行うことにより、ＩＴ投資が企業の成長や生産性向上にどの程度貢献しているのかを見極めることが可能になるためである。

第二に、ＩＴ人材の育成である。ＩＴ要員の内訳をみると、中小企業は内部雇用者が大半であるため、外部要員を活用することも有効である。また、ＣＩＯ（最高情報責任者）を設置し、そのリーダーシップの下、自社の現状に合わせたＩＴ戦略を立案し、全社的にＩＴ活用を進めることが重要である。

第三に、「攻めのＩＴ活用」である。これは、売上や付加価値拡大を目的とするＩＴ活用であり、積極的に取り組む企業ほど労働生産性が高いことが示唆されている。具体的には、「新規事業の立ち上げ」「業務プロセスやビジネスモデルの刷新」「新サービス・新製品の開発・販売」「既存サービス・製品の売上・販売の拡大」、「顧客満足度の向上や新規顧客開拓」に関するＩＴ投資などであり、取り組みにあたってはＩＴ要員の育成が必要であるなど課題はあるものの、アンケート調査からは、投資に踏み切ることができれば、良好な結果が得られるとの結果が示唆されている。また、ＩＴの業務活用に関しては、「マーケティング」「消費者の評価・意見収集」が中小企業では遅れており、こうした分野でのＩＴ活用が求められる。

第四に、情報セキュリティ対策である。アンケート調査によると、情報セキュリティ対策を阻害する要因として「専門家不足」「ノウハウ不足」を挙げる中小企業が多い。これに対しては、大企業と同様に中小企業においてもＩＴベンダーや情報セキュリティ専門ベンダーに相談するなど積極的に外部利用を進めて行くことが有効である。

第3章では、近年急速に普及しているシェアリングエコノミーを取り上げた。ＩＣＴの発達に伴いシェアリングエコノミーを活用した新たな事業が次々に登場しているが、ここで取り上げたのは、マッチングサービスを提供するプラットフォーマーである「軒先」が運営する「軒先パーキング」と「軒先ビジネス」である。

「軒先パーキング」は、ＩＣＴを活用して駐車スペースをマッチングする仕組みである。**事例h**は、コンサート会場近くに位置する喫茶店が夜間使用しない駐車スペースを観客に貸与するケースである。**事例i**は、同じくコンサート会場近くに位置する中小企業のケースで、社員が使用しない土日に駐車場が空いていることに着目し、軒先パーキングを通じて観客向けに貸与している。いずれの事例でも、軒先に依頼することによりほとんど手をかけずに、利用していない駐車スペースから収入が得られるメリットは大きいとしている。

「軒先ビジネス」は、駐車場以外の様々なスペースをマッチングする仕組みである。**事例j**は大規模温浴施設が玄関横などのこれまで使用していなかったスペースについて、軒先ビジネスを通じて貸与しているケースである。試供品の頒布を目的とした大手化粧品会社や、食品販売業者の利用が多いとのことである。**事例k**は、所有するビルの屋外の空きスペースを、軒先ビジネスを通じて、キッチンカーの営業スペースとして貸与しているケースである。野球場に近い立地のためイベントがある時には良く利用されている。**事例l**は、キッチンカーによりランチの移動販売を行う業者のケースである。キッチンカーは少ない費用で出店が可能であり、新規事業として参入しやすいという特徴を持っているが、軒先ビジネスの利用により出店場所を速やかに確保することができると、高く評価されている。

以上のように、ＩＣＴの発達によりこれまで困難であった空スペースの有効利用が簡単にできるようになった。ここで紹介した事例はいずれも大きな収入に結び付いているものではないが、シェリングエコノミーは活用の仕方次第では大きな収益をもたらす可能性を持つ仕組みであるといえ、中小企業は自社のビジネスモデルへの導入を検討すべきである。

おわりに

本書は、中小企業の皆様に対して生産性向上に関するヒントを提示するため、実務的で有用な取り組みを数多く収録することに努めた。ただそれだけにとどまらず、生産性向上はなぜ必要か、人材教育の重要性、ＩＴの最新動向、シェアリングエコノミーの経済的効果といった幅広い内容を盛り込み、より多くのヒントを得ていただけるようにしている。

本書で紹介した生産性向上に向けての視点や考え方は、あくまでも参考例であり、他にも様々な方法があるはずである。これまでの固定観念や自前主義を見直し、視野を拡げてあらゆる角度から生産性向上策について考え抜くことが重要になってきているのではないだろうか。

わが国経済のダイナミズムの源泉である中小企業の将来は、生産性向上への取り組みの成否にかかっているといっても過言ではない。本書が中小企業の生産性向上に向けた取り組みの一助となれば幸いである。

あとがき

本書は4名により執筆されている。序章及び第2章を赤松健治主任研究員が、第1章を筒井徹調査研究室長が、第2章を藤野洋主任研究員が、補章を江口政宏主任研究員が、それぞれ担当した。

既発表論文と本書の構成との関係は、以下の通りである。

序　章　赤松「中小企業の収益力と生産性の動向」『商工金融』2013年10月号
第1章　筒井「連携・組織活動による中小企業の人材教育」『商工金融』2018年5月号
第2章　赤松「中小企業のIT活用と生産性」『商工金融』2018年6月号
第3章　藤野「シェアリングエコノミーによる中小企業の生産性向上」『商工金融』2018年8月号
補　章　江口「人手不足と中小企業の非正規雇用」『商工金融』2018年1月号
「人手不足の実態と中小企業の対応」『商工金融』2018年7月号

なお本書の作成にあたり、大幅な加筆、修正等を行った。また、本文中で参考とした文献等については、原論文の掲載誌『商工金融』を参照されたい。

執筆者紹介

（執筆順）

赤松　健治（あかまつ　けんじ）

一般財団法人商工総合研究所主任研究員
東京大学経済学部卒業後、商工中金を経て商工総合研究所に入所。
商工中金では横浜、松本の２支店で中小企業金融の現場を経験し、本部では調査、総務、企画、研修業務に従事。また同社在籍時に社団法人日本経済研究センター（当時）に１年間出向。
商工総合研究所入所後は中小企業全般に関する調査研究及び情報提供活動に従事。

筒井　徹（つつい　とおる）

一般財団法人商工総合研究所調査研究室長
神戸大学経済学部卒業後、商工中金を経て商工総合研究所に入所。
商工中金では神戸、松山、渋谷、京都、大分の５支店で中小企業金融の現場を経験し、本部では調査、審査、監査業務に従事。

執筆者紹介

商工総合研究所入所後は中小企業の組織化、金融に関する調査研究及び情報提供活動に従事。

藤野　洋（ふじの　ひろし）

一般財団法人商工総合研究所主任研究員
一橋大学経済学部卒業後、商工中金を経て商工総合研究所に入所。

商工中金では渋谷、仙台、熱田の3支店で中小企業金融の現場を経験し、本部で調査業務に従事。

また同社在籍時に社団法人日本経済研究センター（当時）と東京商工会議所に各2年間出向。

商工総合研究所に入所後は中小企業の産業・金融構造の調査・研究及び情報提供事業に従事。

江口　政宏（えぐち　まさひろ）

一般財団法人商工総合研究所主任研究員
東京大学経済学部卒業後、商工中金を経て商工総合研究所に入所。
商工中金では18年間調査部に在籍し、中小企業に関する調査を中心に、マクロ経済・金融に関する調査分析及び一橋大学寄附講義等の業務に従事。また同社在籍時に財団法人国際金融情報センター（当時）に2年間出向。
商工総合研究所入所後は中小企業の産業構造等に関する調査研究及び情報提供活動に従事。

いま中小企業ができる生産性向上

ー連携組織・ＩＴ・シェアリングエコノミーの活用ー

2019年01月18日　初版発行

定価：本体1,429円＋税

編集・発行　一般財団法人　商工総合研究所

〒135－0042

東京都江東区木場５-11-17　商工中金深川ビル

ＴＥＬ　03（5620）1691（代表）

ＦＡＸ　03（5620）1697

ＵＲＬ　https://www.shokosoken.or.jp/

発　売　所　官報販売所

印　刷　所　三晃印刷株式会社

ISBN978-4-901731-30-0　　C2034　　￥1429Ｅ（再生紙使用）